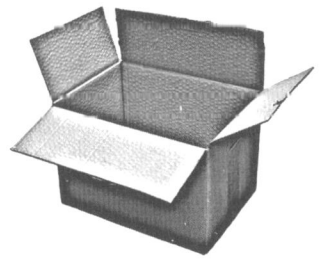

SÉRIE DESENVOLVIMENTO SUSTENTÁVEL

» Edelvino Razzolini Filho
» Rodrigo Berté

O REVERSO DA LOGÍSTICA
E AS QUESTÕES AMBIENTAIS NO BRASIL

Rua Clara Vendramin, 58 . Mossunguê
CEP 81200-170 . Curitiba . PR . Brasil
Fone: (41) 2106-4170
www.intersaberes.com
editora@editoraintersaberes.com.br

Conselho editorial **»** Dr. Ivo José Both (presidente)
Dr.ª Elena Godoy
Dr. Nelson Luís Dias
Dr. Neri dos Santos
Dr. Ulf Gregor Baranow

Editora-chefe **»** Lindsay Azambuja
Supervisora editorial **»** Ariadne Nunes Wenger
Analista editorial **»** Ariel Martins
Análise de informação **»** Adriane Beirauti
Copidesque **»** Sandra Regina Klippel
Revisão de texto **»** Tiago Krelling Marinaska
Capa **»** Denis Kaio Tanaami / Regiane Rosa
Iconografia **»** Danielle Scholtz

Dados Internacionais de Catalogação na Publicação (CIP)
(Câmara Brasileira do Livro, SP, Brasil)

Razzolini Filho, Edelvino
  O reverso da logística e as questões ambientais no Brasil/Edelvino Razzolini Filho, Rodrigo Berté. Curitiba: InterSaberes, 2013. (Série Desenvolvimento Sustentável)

  Bibliografia.
  ISBN 978-85-8212-682-0

  1. Competitividade 2. Logística (Organização) 3. Marketing – Canais 4. Meio ambiente I. Berté, Rodrigo II. Título. III. Série.

12-10090   CDD-658.5

Índices para catálogo sistemático:
1. Logística reversa e meio ambiente: Administração de empresas 658.5

1ª edição, 2013
Foi feito depósito legal.

Informamos que é de inteira responsabilidade do autor a emissão de conceitos.

Nenhuma parte desta publicação poderá ser reproduzida, por qualquer meio ou forma, sem a prévia autorização da Editora InterSaberes.

A violação dos direitos autorais é crime estabelecido na Lei nº 9.610/1998 e punido pelo art. 184 do Código Penal.

Sumário

Apresentação, 10

Como aproveitar ao máximo este livro, 14

Logística contemporânea, 20
» Mutações na logística empresarial, 28
» Competitividade com base nos sistemas logísticos, 35
» Mudanças na logística para a competitividade organizacional, 40

Logística reversa, 54
» O desafio ambiental e os aspectos econômico-financeiros, 56
» Conceituando logística reversa, 61
» Os fluxos logísticos e o fluxo reverso, 66
» Logística reversa: fator de competitividade, 71
» Logística reversa e Análise do Ciclo de Vida (ACV), 79

Tipos de canais na logística reversa, 88
» Os diversos fluxos de operações e logística, 90
» Classificação dos bens, 92
» Administração da recuperação de produtos, 97
» A logística reversa e a reciclagem, 99
» Embalagens retornáveis e não retornáveis, 104
» Embalagens de agrotóxicos, 114
» A logística reversa e as questões ambientais, 118

A logística reversa e a construção civil, 126
» Entulho, 129
» Gestão de resíduos, 132
» Legislação, 143

A logística reversa e os pneus inservíveis, 152
» Os pneus e as questões ambientais, 155
» Formas de reaproveitamento dos pneus inservíveis, 156
» Legislação, 163

A logística reversa e o plástico, 170
» Plásticos: materiais universais, 173
» Elementos que compõem o plástico, 175
» As características e o aproveitamento dos plásticos, 178
» Poliestireno expandido (EPS), 181

Ambientalismo brasileiro, 186
» O legado da ECO Rio-92, 190
» O mau exemplo dos americanos: a não ratificação do Protocolo de Quioto, 207
» Energia e recursos hídricos: elementos-chave na política ambiental, 209

Para concluir, 214

Referências, 218

Respostas, 229

Sobre os autores, 240

Agradecimentos

A tarefa de escrever é sempre um ato solitário, mesmo em parceria, uma vez que se está elaborando ideias que vão surgindo de um esforço permanente em criar conteúdos que sejam facilmente assimiláveis pelos leitores. Porém, ao longo do trabalho e para finalizar os originais, inúmeras pessoas são envolvidas para que a versão final seja disponibilizada com o máximo de qualidade aos leitores. Tendo se isso em mente, faz-se necessário agradecer a essas pessoas, que, de uma forma ou de outra, contribuíram para que este livro fosse finalizado.

Inicialmente, desejamos agradecer à professora Lindsay Azambuja, editor-chefe da Editora InterSaberes, e toda sua equipe de trabalho, pela atenção permanente e pelo carinho demonstrado no tratamento das informações para a concretização da obra. Também um agradecimento especial à Adriane Beirauti, que efetuou a análise dos originais e trocou informações permanentemente com os autores para que o produto final ficasse melhor que o original que lhe foi confiado.

Agradecemos àqueles companheiros do dia a dia, colegas professores e funcionários técnico-administrativos das instituições nas quais trabalhamos, pela presença e apoio constantes no debate das ideias e por partilharem conosco seu saber. A vocês, nosso muito obrigado e todo o carinho que merecem, pela simples existência de cada um de vocês em nossas vidas.

Também é necessário agradecer a nossos alunos, que, pela inquietude própria da juventude, obrigam-nos à atualização constante e permanente para atendermos aos seus anseios.

Não podemos deixar de agradecer a nossos pais, pelos exemplos de vida e pela educação formal que nos propiciaram e pelos conhecimentos que nos deram nos primeiros contatos com o mundo.

Por fim, mas não menos importante, agradecemos a nossos familiares, sempre sacrificados no convívio diário quando nos "enclausuramos" para escrever. A vocês, não somente agradecemos, como também queremos dedicar esta obra.

"Nada podes ensinar a um homem. Podes somente ajudá-lo a descobrir as coisas dentro de si mesmo".

Galileu Galilei

Apresentação

Este livro não tem a pretensão de ser a "última palavra" sobre a logística reversa e muito menos sobre as questões ambientais no Brasil. Ele pretende apenas ser mais uma contribuição em uma área cuja literatura de referência ainda é escassa, uma vez que os estudos sobre o tema, no Brasil, ainda são incipientes, contando com alguns poucos esforços localizados e pontuais.

Foi essa falta de referencial bibliográfico sobre o assunto que nos levou a escrever este livro, com o intuito de contribuirmos com aqueles que pretendem estudar a logística em si, a logística reversa e, ainda, os aspectos relacionados ao meio ambiente, em um momento em que a sociedade está preocupada (e deve se preocupar mesmo), com as questões ambientais como nunca se preocupou.

No intuito de facilitarmos a compreensão das questões discutidas, esta obra está dividida, claramente, em duas partes. Na primeira, abordamos questões de logística, enquanto que, na segunda parte, analisamos as questões ambientais relevantes no Brasil contemporâneo.

No primeiro capítulo, procuramos oferecer uma visão atual da logística, com base em uma evolução histórica, na qual se demonstra como a mesma evoluiu ao longo do tempo, quais as principais mutações que ocorreram ao longo do tempo, como os sistemas logísticos podem contribuir para a competitividade organizacional e o papel dos sistemas de informações para os mesmos.

Para abordarmos a logística reversa de forma introdutória, no capítulo dois estabelecemos os conceitos mais relevantes, visando discutir a questão dos fluxos logísticos (onde se inserem os fluxos reversos), apresentando a logística reversa como um instrumento importante e atual fator de competitividade. Na sequência, encerramos o capítulo discorrendo sobre a Análise do Ciclo de Vida (ACV), como importante ferramenta para os sistemas logísticos reversos. Não esgotamos o assunto, e tampouco tivemos a pretensão de estabelecer um conceito definitivo para a logística reversa, mesmo porque nos utilizamos dos conceitos já estabelecidos, inclusive o da entidade máxima na área, que é o Conselho Executivo de Logística Reversa (Reverse Logistic Executive Council – RLEC), parte integrante do Conselho dos Profissionais de Administração das Cadeias de Suprimentos (Council of Supply Chain Management Professionals – CSCMP). Apenas pretendemos definir a logística reversa sob a ótica dos sistemas logísticos brasileiros.

No capítulo terceiro, procuramos apresentar os tipos de canais reversos, mais usuais, existentes no Brasil, a partir da classificação dos bens sob a ótica da sua descartabilidade. Para tanto, discorremos sobre a administração da recuperação de produtos (*Product Recovery Management* – PRM) e sobre a questão da reciclagem dentro de uma visão da logística reversa. A PRM se preocupa em recuperar os produtos ao longo das cadeias produtivas, visando sempre reintegrá-los aos processos de agregação de valor e, assim, está intimamente ligada às atividades desenvolvidas na logística reversa. Enfim, como as embalagens são causadoras de profundos impactos ambientais, dedicamos a parte final do capítulo para tratar da questão das embalagens retornáveis e não retornáveis, demonstrando como apenas esse aspecto da logística reversa tem condições de exercer significativos impactos positivos sobre o meio ambiente.

Na segunda parte da obra, procuramos tratar de algumas questões ambientais que são fundamentais para o cuidado com o meio ambiente. Assim, a questão dos resíduos gerados nos processos produtivos e a forma como eles impactam sobre o desenvolvimento econômico, especificamente sob a ótica brasileira, é tratada no capítulo quarto, especificamente no momento em que damos especial enfoque ao caso da construção civil, de forma que possamos vislumbrar alternativas para tornar melhor a qualidade do desenvolvimento que se deseja para o país, sem agredirmos o meio ambiente.

No quinto capítulo, tratamos exclusivamente das questões relacionadas à produção e à recuperação ou reciclagem dos pneus, uma vez que existe legislação específica tratando do assunto, isso sem falar no fato de que o acúmulo desse material caracteriza-se como um dos fatores ecológicos mais impactantes no meio ambiente.

No capítulo sexto, analisamos especificamente a questão dos materiais plásticos, tão presentes no dia a dia de nossas vidas e, ao mesmo tempo, causadores de impactos profundos e significativos sobre o meio ambiente. Elencamos os diferentes tipos de plásticos, apresentando alternativas para a sua melhor utilização e reciclagem. Apresentamos também o caso das garrafas PET, que atualmente representam um dos maiores desafios para a limpeza do meio ambiente. Ao discorrermos sobre a situação ambiental no Brasil, procuramos apresentar algumas situações concretas, com exemplos práticos que elucidam claramente a forma como o ambiente tem sido tratado pelas organizações empresariais e, ainda, pelos próprios consumidores.

No sétimo capítulo, abordamos a questão da ecologia de forma mais abrangente, bem como do meio ambiente, procurando demonstrar a importância da preocupação com as questões ecológicas para que o meio ambiente seja cada vez melhor para os seres humanos, traçando-se uma evolução histórica das questões ambientais e a visão do desenvolvimento brasileiro. Contudo, não se deixou de considerar que o desenvolvimento sustentável é possível e que, assim, as organizações empresariais podem contribuir para que o meio ambiente seja tratado mais adequadamente do que o é na atualidade.

Portanto, esperamos que a leitura da obra possa tornar o leitor um pouco mais consciente a respeito da necessidade de que as empresas implantem sistemas logísticos reversos, visando contribuir para a minimização dos impactos ambientais atualmente existentes, assim como contamos que o detentor deste livro se torne um cidadão mais consciente de suas responsabilidades para com o cuidado do **nosso** meio ambiente.

Como aproveitar ao máximo este livro

Este livro traz alguns recursos que visam enriquecer o seu aprendizado, facilitar a compreensão dos conteúdos e tornar a leitura mais dinâmica. São ferramentas projetadas de acordo com a natureza dos temas que vamos examinar. Veja a seguir como esses recursos se encontram distribuídos no projeto gráfico da obra.

››› Conteúdos do capítulo

Logo na abertura do capítulo, você fica conhecendo os conteúdos que serão nele abordados.

››› Após o estudo deste capítulo, você será capaz de:

Você também é informado a respeito das competências que irá desenvolver e dos conhecimentos que irá adquirir com o estudo do capítulo.

››› Conteúdos do capítulo:

» a evolução da logística e seu papel para as organizações;
» as mudanças no ambiente da logística;
» a logística e a competitividade organizacional;
» como as mudanças na logística afetam a competitividade das organizações.

Após o estudo deste capítulo, você será capaz de:

» identificar o estágio logístico de uma organização;
» compreender o impacto dos sistemas logísticos sobre a estratégia das organizações;
» identificar diferentes tipos de estratégias logísticas;
» propor estratégias competitivas para o sistema logístico de uma organização.

>>> Estudo de caso

Esta seção traz ao seu conhecimento situações que vão aproximar os conteúdos estudados de sua prática profissional.

>>> Síntese

Você dispõe, ao final do capítulo, de uma síntese que traz os principais conceitos nele abordados.

>>> Para saber mais

Você pode consultar as obras indicadas nesta seção para aprofundar sua aprendizagem.

Podemos afirmar, nos baseando em Lambert, Stock e Vantine (1998), que o papel da logística nas organizações é complementar às ações do *marketing* da empresa (visando a garantir vantagens diferenciais no mercado), "proporcionando um direcionamento eficaz do produto ao cliente e colocando o produto no lugar certo e no momento certo".

Nesse contexto, Fleury et al. (2000) esclarecem que o conceito de logística é muito recente no Brasil, uma vez que sua difusão começou timidamente no início da década de 1990, a partir da abertura econômica que o país começava a vivenciar, e "se acelerou a partir de 1994, com a estabilização econômica propiciada pelo Plano Real".

Percebemos que, pelo pouco tempo de prática no país, as exigências para recuperar o tempo perdido são muitas e pedem urgência no seu tratamento. Porém, a maior dificuldade das organizações, atualmente, consiste conseguir profissionais com a qualificação necessária para atuar no moderno gerenciamento logístico; a maioria dos profissionais que se propõem a atuar na área é oriunda de transportadoras ou da área de compras, estoques e armazenagem, profissionais estes que possuem uma visão prática e limitada do que seja, realmente, a logística empresarial. Embora já existam vários cursos para formar esse contingente de colaboradores tão necessários, ainda demorará algum tempo para que tenhamos o mercado suprido em suas necessidades.

>>> Para saber mais

ASSOCIAÇÃO BRASILEIRA DE LOGÍSTICA. Disponível em: <http://www.aslog.org.br>. Acesso em: 03 ago. 2009.

Este site é fundamental se você pretende atuar na área da logística ou aprofundar seus conhecimentos sobre essa atividade, uma vez que se trata do sítio oficial da Associação Brasileira de

---

>> Questões para revisão

1) Explique de que forma a logística é a nova disciplina que tem ajudado as organizações a competirem nos mercados atualmente.
2) Explique a frase: "Não são as organizações maiores que superam as menores."
3) O que significa ser a logística um "conceito integrado"?
4) Explique o papel dos militares para o desenvolvimento da logística.
5) De que forma os sistemas de informações logísticas podem impactar na competitividade das organizações? Por quê?

>>> Questões para revisão

Com estas atividades, você tem a possibilidade de rever os principais conceitos analisados. Ao final do livro, o autor disponibiliza as respostas às questões, a fim de que você possa verificar como está sua aprendizagem.

serviço ao cliente ao agregar tais utilidades aos produtos/serviços.

》》》 Questões para reflexão

Considerando, como vimos, que a gerência logística associa um conjunto de valores ou utilidades (tempo, lugar e quantidade) ao produto, por entregá-lo ao cliente no lugar combinado, na hora aprazada, na quantidade adequada, sem quaisquer danos e pelo melhor preço. Você já pensou sobre de que forma os sistemas logísticos impactam nas estratégias das organizações? Por quê?

Assim, na composição do ambiente organizacional contemporâneo, alguns dos fatores que fazem dos sistemas logísticos uma parte importante das estratégias organizacionais são decorrência de situações como:

- o crescimento dos mercados nacionais e internacionais (a globalização das cadeias de suprimentos);
- as inovações nos processos;
- a expansão das linhas de produção (possibilitando produzir maior variedade de produtos e gerando reduções nos ciclos de vida dos produtos);
- o surgir de inúmeras possibilidades geradas pelas chamadas *Tecnologias de Informação e de Comunicação* (TICs) – pela convergência da computação de baixo custo com comunicações de baixo custo.

Diante disso, os sistemas logísticos passam a ser considerados como a "nova fronteira" a ser explorada para a ampliação das práticas das organizações, a fim de adquirir e manter vantagens competitivas diferenciadas e duradouras em relação a outras empresas.

A utilização da logística de uma maneira integrada, de forma estratégica, visando a criar sinergia e sincronização entre todos os

》》》 Questões para reflexão

Nesta seção, a proposta é levá-lo a refletir criticamente sobre alguns assuntos e trocar ideias e experiências com seus pares.

subsistemas organizacionais, é uma postura empresarial bastante recente no Brasil, praticada apenas por algumas poucas organizações de classe mundial.

Se na década de 1980 até meados da década de 1990 o enfoque foi na qualidade e na produtividade, a partir da segunda metade da década de 1990 as organizações começaram a vislumbrar na logística as respostas necessárias para aumentar sua competitividade, uma vez que produtividade e qualidade, fatores já considerados diferenciais competitivos significativos no mundo corporativo, hoje constituem condições *sine qua non* para as empresas que pretendem manter a competitividade no atual cenário global.

Portanto, a organização que desejar diferenciais competitivos sustentáveis deverá se basear em conhecimento e informações fornecidas pelos sistemas logísticos de informações, transformados em estratégias organizacionais, pois o progresso industrial permite a disponibilidade de ofertas mais abrangentes por parte de concorrentes, fato que ocorre simultaneamente à possibilidade da escolha de fontes de suprimento e de compras muito mais amplas, o que gera uma demanda por altos níveis de excelência nos serviços, com maior eficiência e eficácia.

》》》 Pergunta & resposta

Qual a diferença entre eficiência e eficácia?

Se você consultar o *Dicionário Houaiss de língua portuguesa* descobrirá que no português e no latim esses dois vocábulos apresentam sentido similar. No entanto, em determinadas áreas de estudos, eles agregam uma sutil diferença. É o caso da logística e/ou da gestão, ambientes nos quais *eficácia* traduz a condição de algo ou alguém alcançar um objetivo (mesmo fora do prazo e muitas vezes extrapolando os gastos); *eficiência*, por sua vez, significa "a condição de algo ou alguém conseguir atingir um

》》》 Pergunta & resposta

Nesta seção, o autor responde a dúvidas frequentes relacionadas aos conteúdos do capítulo.

LOGÍSTICA CONTEMPORÂNEA

>>> Conteúdos do capítulo:
- » a evolução da logística e seu papel para as organizações;
- » as mudanças no ambiente da logística;
- » a logística e a competitividade organizacional;
- » como as mudanças na logística afetam a competitividade das organizações.

Após o estudo deste capítulo, você será capaz de:
- » identificar o estágio logístico de uma organização;
- » compreender o impacto dos sistemas logísticos sobre a estratégia das organizações;
- » identificar diferentes tipos de estratégias logísticas;
- » propor estratégias competitivas para o sistema logístico de uma organização.

A logística empresarial, como você verá neste estudo, é uma das novas disciplinas cujo auxílio tem sido valioso para as organizações conquistarem novos espaços no mercado. Dizemos isso porque disputar com base em preços, qualidade e prazos já não se caracteriza mais como um diferencial competitivo suficiente. Caracterizamos a disciplina como "nova" porque apenas há pouco mais de 160 anos (em 1838), o Barão de Jomini utilizou a expressão *logística* pela primeira vez. Além disso, segundo Tixier, Mathe e Colin (1986), "as primeiras formações universitárias nesse domínio só surgiram nos anos 50, nos Estados Unidos, e no princípio da década de 70, na França". Em âmbito nacional, Fleury (2000) retrata que:

> *A logística no Brasil está passando por um período de extraordinárias mudanças. Pode-se mesmo afirmar que estamos no limiar de uma revolução, tanto em termos das práticas empresariais quanto da eficiência, qualidade e disponibilidade da infraestrutura de transportes e comunicações, elementos fundamentais para a existência de uma logística moderna.*

Assim, faz-se necessário estabelecermos uma retrospectiva para esclarecer a evolução da logística até os dias de hoje. É oportuno demonstrarmos o quão importante é a logística para a rotina das organizações, uma vez que, atualmente, não são as empresas maiores que superam as menores. São as mais ágeis que superam as mais lentas, e é exatamente o que a logística se propõe a fazer: **dotar as organizações de novas condições competitivas, uma vez que ganha o mercado quem chega antes.**

Podemos afirmar, nos baseando em Lambert, Stock e Vantine (1998), que o papel da logística nas organizações é complementar às ações do *marketing* da empresa (visando a garantir vantagens diferenciais no mercado), "proporcionando um direcionamento eficaz do produto ao cliente e colocando o produto no lugar certo e no momento certo".

Nesse contexto, Fleury et al. (2000) esclarecem que o conceito de logística é muito recente no Brasil, uma vez que sua difusão começou timidamente no início da década de 1990, a partir da abertura econômica que o país começava a vivenciar, e "se acelerou a partir de 1994, com a estabilização econômica propiciada pelo Plano Real".

Percebemos que, pelo pouco tempo de prática no país, as exigências para recuperar o tempo perdido são muitas e pedem urgência no seu tratamento. Porém, a maior dificuldade das organizações, atualmente, consiste conseguir profissionais com a qualificação necessária para atuar no moderno gerenciamento logístico; a maioria dos profissionais que se propõem a atuar na área é oriunda de transportadoras ou da área de compras, estoques e armazenagem, profissionais estes que possuem uma visão prática e limitada do que seja, realmente, a logística empresarial. Embora já existam vários cursos para formar esse contingente de colaboradores tão necessários, ainda demorará algum tempo para que tenhamos o mercado suprido em suas necessidades.

>>> Para saber mais

ASSOCIAÇÃO BRASILEIRA DE LOGÍSTICA. Disponível em: <http://www.aslog.org.br>. Acesso em: 03 ago. 2009.

Este *site* é fundamental se você pretende atuar na área da logística ou aprofundar seus conhecimentos sobre essa atividade, uma vez que se trata do sítio oficial da Associação Brasileira de

Logística, apresentando todas as informações relevantes e atuais sobre essa área. Além disso, disponibiliza artigos e casos de sucesso que podem ser úteis em suas pesquisas.

Assim, se você tem como meta atuar nessa área, é necessário o preparo suficiente para saber planejar, implementar e controlar os fluxos e o gerenciamento dos sistemas logísticos, com o objetivo de garantir maior competitividade às organizações. **As empresas que estão conquistando novos mercados e encantando seus clientes são aquelas que contam com profissionais competentes na área da logística.**

O *marketing* tem o papel de conquistar clientes para as organizações. Porém, essa ferramenta não é mais suficiente. Faz-se necessário conquistar os clientes permanentemente, e esse trabalho só tem êxito com o uso de um sistema logístico planejado, no intuito de dotar a organização de melhores condições de competição. Nos grandes centros produtores, as organizações já não conseguem mais prescindir de profissionais competentes nas técnicas logísticas.

Nesse cenário, o da competitividade, é salutar observarmos que o próprio *marketing* está revendo seu papel. Mas, sobre isso, vamos dar a palavra a uma autoridade da área, o professor Andrade (2009), o qual, ao tratar das mudanças que estão ocorrendo nas concepções de *marketing* e gestão, diz: "assim os aspectos relativos à **Gestão de** *marketing* tornam-se o elemento sinalizador da gestão na empresa". E, recorrendo a Kotler, a grande figura do *marketing* mundial, o professor continua:

> *Kotler iniciou a sua palestra, realizada no Fórum de Marketing – Curitiba 2008, sobre As novas tendências do marketing com dois questionamentos básicos, ambos envolvendo o valor das marcas, ou seja:*

> "1. Suas empresas conseguirão defender o mercado que detêm diante da invasão cada vez maior de marcas globais estrangeiras?
> 2. Suas empresas conseguirão desenvolver fortes marcas regionais ou mundiais?"(Andrade, 2009, grifo do original)

Por que, ao falarmos sobre logística, nos reportamos a tais questionamentos mercadológicos? É simples. Eles são os indicadores do pensamento empresarial e espelham a situação de competitividade do mercado, sendo que a Logística é a disciplina que irá oferecer subsídios para enfrentar os desafios. É na esteira dessas proposições que a importância da logística reversa e das questões ambientais avoluma-se. Precisamos, e podemos, dar respostas a esse viés econômico para implantarmos os princípios de sustentabilidade.

Como você pode perceber, o processo é complexo e envolve os aspectos de gestão. Mas vamos começar procurando entender o atual estágio da logística empresarial. Para isso, faremos uma breve retrospectiva histórica (sem compromisso com datas), tomando como ponto de partida a Segunda Guerra Mundial, uma vez que até então não existiam grandes preocupações com as questões logísticas, posto que o mundo era mais agrário e os mercados consumidores ficavam no entorno das organizações produtoras.

Nessa trajetória evolutiva, segundo Christopher (1997), no século XX, uma das tendências mais significativas "foi a emergência da logística como conceito integrado que abrange toda a cadeia de suprimentos, desde a matéria-prima até o ponto de consumo". Isso continua válido para o século XXI, em virtude da integração cada vez maior dos mercados mundiais, nos quais as organizações são cada vez mais globais e seus mercados (fornecedor e consumidor)

também são globalizados. Para constatar isso, basta você analisar a concepção de *supply chain management*, como expõe Campos (2009):

> *Considerando essas circunstâncias de renovação e transformação na concepção entre logística e gestão e, conforme já afirmamos anteriormente, sendo o Supply Chain Management (SCM) a correta Gestão da Cadeia de Suprimentos, você, a partir desse prisma, observa uma cadeia de suprimentos como uma rede ampliada de negócios (fornecedores, fabricantes, distribuidores ou varejistas) com o objetivo de transformar insumos em produtos e/ou serviços para atender o cliente final, com* **maior valor agregado**. [grifo nosso]

Mas retomando nossa perspectiva histórica, escolhemos a Segunda Guerra Mundial como marco inicial para analisar essa evolução devido ao fato de que o esforço de guerra exigiu das nações envolvidas no conflito o desenvolvimento de atividades logísticas que garantissem o abastecimento das linhas de produção das fábricas, bem como o processo de produção de equipamentos, armas, alimentos, veículos, vestuários, medicamentos etc. e a distribuição desses produtos nas áreas de combate, em uma sequência conforme pode ser percebida na figura a seguir. Essa iniciativa levou ao desenvolvimento de soluções logísticas que, após a guerra, foram assimiladas pelas organizações, em um processo evolutivo crescente a partir de então.

> **Figura 1:** Etapas do processo logístico

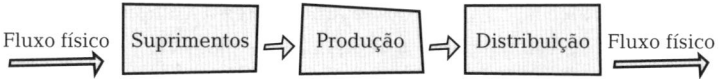

Depois da guerra, o conhecimento adquirido pelos militares para uma execução adequada de cada uma dessas etapas foi transferido para a iniciativa privada, fato motivado pela desmobilização das tropas. A consequência foi a implementação de uma logística diferenciada, a qual modificou completamente, revolucionou mesmo, o ambiente organizacional das empresas industriais, comerciais e de serviços da época.

Assim, esses ex-militares passaram a:

> especializar as organizações;
> desenvolver novas experiências para o suprimento das organizações nos processos produtivos;
> desenvolver também novos modos de distribuição dos produtos, atingindo mercados que não imaginavam que poderiam atender.

Devemos destacar, nesse processo de transferência de conhecimentos militares, que as experiências com transportes (por exemplo, o uso do modal aéreo para distribuição), desenvolvidas no período da guerra, foram determinantes para o crescimento das atividades logísticas nas organizações privadas.

A importância de compreender essa evolução histórica é justificada pelo fato de que ela nos fornece subsídios para entendermos de que forma os sistemas logísticos evoluíram e como estes são essenciais nas organizações atualmente.

》 Mutações na logística empresarial

Conforme visto, a partir da Segunda Guerra Mundial a logística deixou de ser preocupação exclusiva do ambiente militar e passou a ser foco de maior atenção por parte das organizações industriais e comerciais. Isso ocorreu devido à necessidade das organizações abastecerem mercados em um mundo carente por produtos e serviços de todos os tipos, decorrência da destruição causada pelo conflito ou, no mínimo, pelo desabastecimento oriundo do esforço de guerra.

Para abastecer os mercados mundiais, as organizações passaram a se preocupar em apresentar grandes volumes de produção, focando-se nos custos de fabricação. Nessa época, surgiram as grandes fábricas, os conceitos de Lote Econômico de Fabricação (LEF), Lote Econômico de Compras (LEC), entre outras técnicas de gestão voltadas sempre para a redução de custos por meio da obtenção de escala (aumento nos volumes de compras ou de produção). Nesse período, **a ênfase da logística se dá em um rigoroso controle dos inventários, de forma a sustentar a estratégia focada em custos.**

》》 Para saber mais

PARANHOS FILHO, M. *Gestão da produção industrial.* Curitiba: Ibpex, 2007.

Sobre os processos de produção desse período e dos subsequentes, é interessante você ler esse livro do professor Paranhos Filho, publicado pela Editora Ibpex em 2007. Nele você encontrará uma análise das várias técnicas utilizadas em resposta às diferentes concepções de produção que acompanharam as atividades industriais.

Em um segundo momento, isto é, após a normalização dos mercados mundiais, as organizações passaram a se ocupar em diferenciar seus produtos por meio da adição de serviços (o conceito de produto ampliado, apregoado pelo *marketing*). Foi o **período focado em vendas**, no qual surgiram os primeiros supermercados (e o autosserviço) e o *marketing* ganhou um grande impulso.

As vendas por catálogos, *marketing* direto e outras ferramentas de vendas levaram a uma ampliação significativa na área geográfica de abrangência das organizações. Tal fato passou a exigir dos sistemas logísticos uma ênfase na distribuição física, pois, uma vez que os produtos são vendidos, estes precisam ser entregues rapidamente no local em que foram solicitados.

Após essa fase, em um período subsequente, tendo as organizações obtido um volume significativo de lucros nas suas operações, verificou-se um excesso de liquidez nos países mais desenvolvidos, que canalizaram esses recursos para investimentos em países e organizações em desenvolvimento. Assim, iniciou-se um **período de investimentos de capitais**, fazendo com que o foco industrial se desse na lucratividade e, por sua vez, a ênfase dos sistemas logísticos fosse aplicada nos processos produtivos, uma vez que, diferentemente da ênfase em suprimentos ou em distribuição, que dependem de outras organizações, o processo produtivo, por ser interno, permite maior controle dos custos.

Continuando no processo evolutivo, em virtude das mudanças ocorridas a partir das alterações provocadas pelo **Sistema Toyota de Produção**, implantadas por Taiichi Ohno e Shigeo Shingo*, o mundo passou a viver um período de extrema competição, em que o foco industrial se centrou na **qualidade dos produtos fabricados**. Esse fato passou a exigir da logística um maior enfoque nas compras, no processo produtivo e nas vendas, de forma a garantir a qualidade desde a aquisição de matérias-primas até a entrega do produto acabado.

* Taiichi Ohno foi o teórico responsável pela formulação do *Just in Time*, enquanto Shigeo Shingo foi o responsável pela operacionalização das teorias formuladas, criando as principais técnicas utilizadas no chamado *Sistema Toyota de Produção*.

Para compreender esse estágio evolutivo, basta lembrar que, na década de 1970, o mundo foi assolado pelos produtos japoneses, baratos e de qualidade, levando a uma preocupação crescente das organizações atuantes em mercados globais. Isso exigiu dos sistemas logísticos maior agilidade e visão mais ampla dos mercados em que as organizações se inseriam.

Na continuação desse progresso histórico, o mundo está consolidando **o processo de globalização**; através dela, surgiu o conceito de terceirização e a consequente prática de parcerias (resultantes desse conceito). Nessa conjuntura, a competição passou a se dar no terreno temporal (conquista mercado quem chega primeiro). Assim, pela primeira vez, **os sistemas logísticos passaram a ser vistos como um processo gerencial**, o que exige profunda compreensão dos fluxos logísticos (conforme veremos mais adiante).

Ainda nesse período de consolidação da globalização, surgiram as preocupações com as questões ecológicas, exatamente pela percepção da integração existente entre todas as partes do mundo. O que ocorre em uma região do planeta pode afetar as demais, fato que hoje nos possibilita uma maior consciência ambiental. O surgimento de legislações, em diferentes partes do mundo, começou a exigir das organizações uma postura mais proativa em relação às questões ambientais.

Na globalização consolidada (período seguinte), as organizações passaram a se preocupar não apenas com as questões temporais, mas também com as questões espaciais. Ou seja, em virtude do suporte disponível em termos de tecnologia de informação e de comunicação, as organizações podem estar presentes em um número de lugares muito maior que antes e, além disso, além de estarem disponíveis a fornecedores, clientes e quaisquer outros *stakeholders**, a qualquer hora do dia ou da noite, 365 dias por ano, em qualquer lugar do mundo. **Isso leva os sistemas logísticos a apresentarem flexibilidade e agilidade nunca antes vistas.**

* Entende-se por *stakeholders* quaisquer grupos com interesse sobre as organizações, inclusive os ambientalistas.

Essas etapas nos trouxeram a um período (atualmente) no qual há, além da preocupação com o meio ambiente que circunda as organizações, também a atenção voltada para questões balizadas na chamada *responsabilidade social*, ou seja, elas devem atentar às questões sociais que os diferentes *stakeholders* consideram relevantes. Isso significa que as organizações devem agir de forma a se anteciparem às necessidades ambientais e sociais (com uma postura mais proativa).

Tudo isso significa que, em um contexto no qual as organizações contam com instalações localizadas em diferentes pontos do globo, os produtos e/ou serviços resultantes dos seus processos produtivos precisam atentar às questões relacionadas ao meio ambiente e aos aspectos sociais. Ou seja, usando uma expressão atual, as organizações devem se preocupar com a **sustentabilidade** de seus produtos/serviços.

Esse é o cenário no qual os sistemas logísticos se desenvolveram e ainda se desenvolvem, com mudanças frequentes e constantes. No quadro a seguir, apresentamos uma rápida evolução nos processos organizacionais dos sistemas logísticos.

É possível perceber, pelo quadro, que o ambiente organizacional muda em virtude de novas teorias ou fatos sociopolíticos e econômicos, exigindo que o sistema logístico se adapte a tais mudanças oriundas do meio externo.

Essa adaptação do sistema logístico às mudanças ambientais (tanto internas quanto externas) provocou mudanças positivas, tornando os sistemas logísticos mais eficientes. Porém, isso também exige profissionais mais bem qualificados, com visão abrangente e sistêmica das organizações, pois a logística passa a ser vista como um importante elemento da estratégia competitiva organizacional.

» **Quadro 1:** Sinopse da evolução dos sistemas logísticos

Momento da história	O que acontece no ambiente das organizações	Visão organizacional (ênfase)	Foco da logística
1950-1960	Busca por escala de produção (volume). Surge o conceito de Lote Econômico de Fabricação e de Compras (LEF e LEC).	Redução de custos constante.	Gerenciamento dos inventários (preocupação com estoques).
1960-1970	Necessidade de incremento nas vendas. Surgem os primeiros supermercados (mudanças radicais no varejo).	Busca de diferenciação pelo serviço ao cliente.	Distribuição física (visando a criar utilidade espacial).
1970-1980	Primeira "Crise do Petróleo" (1973). Movimento de investimento de capitais.	Necessidade de obter lucros para remunerar os capitais.	Processos produtivos, visando reduzir os tempos de ciclo e minimizando estoques em processo.
1980-1990	Competição acirrada provocada pelo crescimento de participação das empresas japonesas no mercado mundial.	Busca por melhorias nos processos produtivos visando certificação na qualidade.	Integração dos processos de compras, produção e distribuição.
1990-2000	Incremento da globalização dos mercados. Terceirização (*outsourcing*). Questões ambientais.	Competição baseada em rapidez de resposta.	Processos de gerenciamento (visando criar utilidade temporal).

(continua)

(Quadro 1 – conclusão)

2000-	Crises no processo de globalização. Formulação de alianças nas cadeias produtivas. Ampliação dos conceitos de responsabilidade social e ecológica.	Preocupação com presença local (instalação física próxima aos principais mercados) e rapidez de respostas.	Processos flexíveis e ágeis. Implantação de sistemas logísticos de resposta rápida.

Se você observar a abrangência das atividades da logística, pode concluir que para a operacionalização dessa propriedade logística se faz necessária a contribuição de profissionais competentes e qualificados adequadamente, pois o gerenciamento correto dos sistemas logísticos exige, a cada dia, mais profissionalismo e dedicação constante.

⟫ Para saber mais

RAZZOLINI FILHO, E. *Logística*: a evolução na administração – desempenho e flexibilidade. Curitiba: Juruá, 2006.

Sugerimos a leitura desse livro, pois ele trata claramente da evolução dos sistemas logísticos, sua importância para a administração das organizações modernas, bem como apresenta propostas de avaliação de desempenho organizacional e uma tipologia de flexibilidade para aumentar a competitividade das organizações. Aspectos esses que podem ser muito úteis para você no momento em que for atuar na área.

É importante esclarecer que esse processo evolutivo não significa que a visão organizacional ou foco da logística em cada um dos períodos foi abandonado no período seguinte. Pelo contrário, os conhecimentos adquiridos em cada período foram acumulados e aprimorados ao longo do tempo, exigindo uma competência muito maior por parte dos profissionais da área.

Assim, os sistemas logísticos evoluíram e, atualmente, apresentam como objetivo central:

» oferecer o mais **alto** nível de serviço possível aos clientes;
» apresentar o mais **baixo** custo total possível.

Como é possível percebermos, existe uma contradição (um conflito) no objetivo central dos sistemas logísticos. **Afinal, como é possível aumentar o nível do serviço enquanto se objetiva oferecer o menor custo total possível?**

A essa aparente contradição se apresenta como solução aquilo que se convencionou chamar de *trade off*, termo que significa "troca de gastos em um sistema por outro, mantendo o mesmo nível de desembolso". É usado para nos referirmos à situação em que uma organização consegue reduzir os gastos de uma atividade, permitindo que os recursos sejam alocados em outra atividade, que, por sua vez, terá os seus custos reduzidos e gerará maior rentabilidade. Porém, a existência desse conflito no objetivo dos sistemas logísticos é o maior fator motivador da permanente evolução destes, possibilitando maior competitividade às organizações com sistemas logísticos bem projetados. Isso ocorre porque as atividades desenvolvidas pela logística afetam:

» os preços finais dos produtos;
» os custos financeiros;
» a produtividade organizacional;
» os custos de energia;
» a satisfação dos clientes.

Finalmente, podemos afirmar que a evolução da logística é uma decorrência natural das mudanças no comportamento dos consumidores, comportamento que exige das organizações maior capacidade competitiva, uma demanda que pode ser suportada pelos seus sistemas logísticos. Tudo isso é decorrência de ambientes

extremamente mutáveis e competitivos, conforme veremos na próxima seção.

›› Competitividade com base nos sistemas logísticos

Para Porter (1997), desenvolver uma estratégia competitiva é criar uma fórmula ampla, determinando como uma organização irá concorrer em seu respectivo nicho, quais devem ser suas metas e quais as políticas necessárias para atingi-las.

A estratégia deve, então, expressar como as organizações utilizam suas forças, potenciais e já existentes, para atingir os objetivos estabelecidos sem deixar de considerar as mudanças ambientais que podem oferecer oportunidades ou gerar ameaças à estratégia empresarial.

Genericamente, podemos afirmar que os clientes não compram produtos ou serviços. Eles querem associar um conjunto de valores ou utilidades, como tempo, lugar, quantidade, nível de serviço, forma e posse, aos produtos/serviços. Assim, é necessário consideramos que:

» a utilidade **forma** é criada por meio do projeto e da fabricação do produto conforme as(os) necessidades/desejos dos clientes, cuidando das limitações de preço impostas pelo mercado;
» a utilidade **posse** é criada pelo *marketing* da organização, com base na identificação das exigências dos clientes em relação ao produto/serviço e pela sua adequação a elas;
» as utilidades **tempo**, **lugar**, **quantidade** e **nível do serviço** oferecido ao cliente são elementos resultantes de sistemas eficientes de gerência logística.

O sistema logístico da organização pode garantir a qualidade no serviço ao cliente ao agregar tais utilidades aos produtos/serviços.

>>> Questões para reflexão

Como vimos até aqui gerência logística associa um conjunto de valores ou utilidades (tempo, lugar e quantidade) ao produto, por entregá-lo ao cliente no lugar combinado, na hora aprazada, na quantidade adequada, sem quaisquer danos e pelo melhor preço. Agora perguntamos: Você já pensou sobre de que forma os sistemas logísticos impactam nas estratégias das organizações? Por quê?

Assim, na composição do ambiente organizacional contemporâneo, alguns dos fatores que fazem dos sistemas logísticos uma parte importante das estratégias organizacionais são decorrência de situações como:

» o crescimento dos mercados nacionais e internacionais (a globalização das cadeias de suprimentos);
» as inovações nos processos;
» a expansão das linhas de produção (possibilitando produzir maior variedade de produtos e gerando reduções nos ciclos de vida dos produtos);
» o surgir de inúmeras possibilidades geradas pelas chamadas *Tecnologias da Informação e da Comunicação* (TICs) – pela convergência da computação de baixo custo com comunicações de baixo custo.

Diante disso, os sistemas logísticos passam a ser considerados como a "nova fronteira" a ser explorada para a ampliação das práticas das organizações, a fim de adquirir e manter vantagens competitivas diferenciadas e duradouras em relação a outras empresas.

A utilização da logística de uma maneira integrada, de forma estratégica, visando a criar sinergia e sincronização entre todos os subsistemas organizacionais, é uma postura empresarial

bastante recente no Brasil, praticada apenas por algumas poucas organizações de classe mundial.

Se na década de 1980 até meados da década de 1990 o enfoque foi na qualidade e na produtividade, a partir da segunda metade da década de 1990 as organizações começaram a vislumbrar na logística as respostas necessárias para aumentar sua competitividade, uma vez que produtividade e qualidade, fatores já considerados diferenciais competitivos significativos no mundo corporativo, hoje constituem condições *sine qua non* para as empresas que pretendem manter a competitividade no atual cenário global.

Portanto, a organização que desejar diferenciais competitivos sustentáveis deverá se basear em conhecimento e informações fornecidas pelos sistemas logísticos de informações, transformados em estratégias organizacionais, pois o progresso industrial permite a disponibilidade de ofertas mais abrangentes por parte de concorrentes, fato que ocorre simultaneamente à possibilidade da escolha de fontes de suprimento e de compras muito mais amplas, o que gera uma demanda por altos níveis de excelência nos serviços, com maior eficiência e eficácia.

>>> Pergunta & resposta

Qual a diferença entre eficiência e eficácia?

Se você consultar o *Dicionário Houaiss de língua portuguesa* descobrirá que no português e no latim esses dois vocábulos apresentam sentido similar. No entanto, em determinadas áreas de estudos, eles agregam uma sutil diferença. É o caso da logística e/ou da gestão, ambientes nos quais *eficácia* traduz a condição de algo ou alguém alcançar um objetivo (mesmo fora do prazo e muitas vezes extrapolando os gastos); *eficiência*, por sua vez, significa "a condição de algo ou alguém conseguir atingir um objetivo com o mínimo de erros, gastos ou tempo". Essa diferenciação, segundo Bom (1998), é esclarecida pelo *"Dicionário Michaelis de Administração, Economia e Marketing* (inglês-português), do brasileiro Auriphebo Berrance Simões, Comp. Melhoramentos de São Paulo, Brasil, 1989".

A ampliação das atividades nos setores primário (agricultura), secundário (industrial) e terciário (comércio e serviços), aliada aos significativos aumentos do comércio internacional, possibilitou o aparecimento de mercados não apenas regionais e nacionais, mas também internacionais. Nesses mercados, as funções e atividades dos sistemas logísticos se tornaram muito mais complexas, ao mesmo tempo que tais funções assumiram maior relevância, pois os locais de produção se tornaram mais distantes dos pontos de demanda e consumo.

Mas, em que isso interfere na operacionalização dos sistemas de logística?

Como requisito essencial, o gerenciamento dessas operações exige profissionalismo, e não mais amadorismo, sob pena das organizações que operarem sem o devido profissionalismo não terem condições de competir ou perderem sua posição no mercado (perda de *share*).

É por essa razão que, segundo Christopher (1997), "dos muitos problemas estratégicos que as organizações empresariais enfrentam hoje, talvez o mais desafiante seja o da logística". Afirmamos isso porque, das diferentes abordagens possíveis para o estabelecimento de uma **estratégia competitiva**, a logística tem se apresentado com um papel preponderante para sustentar ou garantir vantagens competitivas às organizações. Isso ocorre pelo fato de a logística conciliar os seguintes fatores:

» possibilitar vantagens em produtividade (por ganhos de produção) e em custos (através da redução);
» gerar vantagem em valor, através da elevação do nível de serviço oferecido, uma vez que os clientes não compram produtos, compram satisfação de necessidades e/ou desejos.

Pela sua orientação para processos, a logística também permite uma maior integração organizacional e atuação globalizada pela implantação de infraestrutura logística de suporte às operações. Assim, a logística, exatamente pela existência de um *trade off* em seu objetivo central (nível de serviço *versus* custos), tem a necessidade de agregar valor percebido pela geração de vantagem competitiva duradoura: a liderança tanto em custos quanto em serviços.

Os sistemas logísticos, segundo o Council of Logistics Management (CLM, 1995), estão em permanente mudança e, em particular, devem estar preparados para situações e oportunidades que se caracterizam exatamente por uma descontinuidade significativa. Diante disso, é necessário um modelo geral de sistema logístico que possibilite:

» maneiras para perceber e acomodar novas oportunidades em operações similares;
» direção para alcançar metas fundamentais comprometidas com o sucesso do cliente;
» formas de um modelo inclusivo que possibilite acomodar o sistema logístico em um ambiente crescentemente complexo, estratégica, estrutural e operacionalmente;
» maneiras de apoiar o crescimento das organizações enquanto usam os mesmos ou mais alguns recursos relativos para atingir desempenho superior;
» formas de identificar desempenho de processos, de maneira pertinente, provendo uma base para encorajar e recompensar trabalhos significativos;

» encontrar um modo de equilibrar a ênfase das metas da sociedade com os objetivos das organizações, o que requer atingir objetivos financeiros.

Estes e muitos outros desafios mais óbvios estão direcionando as organizações na busca por sistemas logísticos eficientes e eficazes que possam ser duradouros para as novas demandas século XXI. O objetivo final de qualquer processo específico dentro de uma organização é servir como meio para o alcance da meta global de melhorar e continuar prosperando. As pressões para alcançar um nível elevado de desempenho são muitas e só irão se intensificar no futuro. Ainda segundo o CLM (1995), "a logística enquanto processo não vende nada; porém, ajuda a gerar receita de vendas e, dependendo de sua excelência, pode ser um determinante primário de lucro ou prejuízo".

»» Questão para reflexão

Como afirmamos, a convergência da computação de baixo custo com as comunicações de baixo custo estão gerando enormes possibilidades para as TICs, levando ao desenvolvimento de sistemas de informações logísticas mais eficientes, que podem suportar a competitividade dos sistemas logísticos. Em relação ao contexto apresentado no parágrafo anterior, você já observou ou já avaliou como e porque as estratégias logísticas ficaram mais facilitadas a partir de tecnologias de informação e de comunicação mais baratas?

»» Mudanças na logística para a competitividade organizacional

Resumindo o que já vimos, podemos dizer que o modelo pelo qual as organizações direcionavam suas ações, em um passado não muito distante, era baseado essencialmente em produtividade. Porém, o fenômeno da globalização de mercados e dos recursos produtivos, um volume crescente de inovações tecnológicas, mudanças nos ciclos de vida dos produtos e nos padrões comportamentais dos consumidores, aliados às pressões ambientais significativas sobre as organizações, exigem uma mudança de modelo (ou até mesmo de paradigma), fazendo com que as organizações pautem suas condutas em níveis de serviços mais elevados e, dessa forma, adicionem valor aos produtos comercializados e, ainda, adotem sistemas logísticos de resposta rápida.

Todos esses aspectos combinados conduzem as organizações à atuação empresarial extremamente competitiva, exigindo suporte profissional e planejamento dos seus sistemas de informações logísticas. A exigência de sistemas logísticos flexíveis e de resposta rápida é fundamental para que as organizações possam se adaptar rapidamente às mudanças ambientais, adaptação que só é obtida com base em uma adequada estruturação dos seus fluxos informacionais e físicos.

Assim, os fluxos de informação, em função do elevado volume e da necessidade de velocidade que apresentam atualmente, devem ser considerados itens estratégicos para a sobrevivência das organizações nesse novo modelo baseado em competitividade e não mais em produtividade.

No que se refere a essa situação do mercado, para Razzolini Filho e Colli (2004), é necessário que as organizações sejam mais proativas, antecipando-se às exigências ambientais em vez da tradicional postura reativa que a maioria delas apresenta, sobretudo no ambiente empresarial brasileiro. Tais demandas exigem das organizações um gerenciamento baseado em uma visão mais abrangente de todo o sistema logístico, o que significa que é necessária uma visão sistêmica, não funcional, dos sistemas organizacionais, conduzindo a uma abordagem da chamada *administração da cadeia de suprimentos (Supply Chain Management* – SCM), definida como

> *a administração sinérgica dos canais de abastecimento de todos os participantes da cadeia de valor, através da integração de seus processos de negócios, visando sempre agregar valor ao produto final, em cada elo da cadeia, gerando vantagens competitivas sustentáveis ao longo do tempo.*
>
> (Razzolini Filho, 2001)

Isso significa que as cadeias de suprimentos devem ser planejadas com base em uma visão estratégica, buscando a integração de todos os processos logísticos de todos os participantes da cadeia de valor, desde a concepção dos produtos até sua "morte" no mercado (abordagem do "berço ao túmulo" – ver análise do ciclo de vida no próximo capítulo). Somente se atingirá tal objetivo a partir da utilização de suporte adequado das TICs. Ainda segundo Razzolini Filho e Colli (2004),

> *por mais paradoxal que possa parecer, a extrema velocidade das inovações tecnológicas (vista como uma pressão ambiental e, portanto, como uma ameaça) tem sido a mola propulsora para os avanços no terreno da logística; pois a adequada utilização dos Sistemas de Informações Logísticos tem permitido uma visão global, integrada, dos sistemas organizacionais, de forma*

que se possa praticar o que podemos denominar de logística total, ou seja, desde a concepção de produtos/serviços, seu desenvolvimento, suprimentos, produção, distribuição, serviços de pós-venda, até chegar à recuperação dos mesmos após consumo ou utilização.

Isso conduz a uma questão essencial no desenvolvimento dos sistemas logísticos: **o planejamento estratégico da organização**. Neste, a logística é posicionada como elemento importante, se não central, para que o sistema seja sempre proativo (ou, pelo menos, na maioria das vezes). Com isso, o sistema logístico pode ser mais bem coordenado e, ainda, possibilitar reduções nos seus custos operacionais.

››› Estratégia logística e logística estratégica

Como podemos antever, a acelerada evolução da tecnologia da informação tem possibilitado a utilização dos sistemas logísticos como força propulsora para a estratégia das organizações, de tal forma que é possível utilizar a expressão *estratégia logística*, ou *logística estratégica*, conforme o horizonte de planejamento da organização.

Foi a partir de uma publicação do Boston Consulting Group, de 1968, segundo Abell (1999), que se revelou que algumas organizações praticavam dois tipos de planejamento:

» um chamado *planejamento da ação*, o qual se referia às questões do dia a dia das organizações, sendo muito mais operacional e, portanto, **reativo**;

» o outro denominado de *planejamento para mudança estratégica*, cuja preocupação era com a visão de futuro da organização e, portanto, **proativo**.

Atualmente, retoma-se, com décadas de atraso, a questão da necessidade de as organizações trabalharem com o duplo planejamento porque "a capacidade das organizações de ter hoje um desempenho eficaz depende de decisões que foram tomadas no passado; as decisões que tomam hoje de seguir nessa ou naquela direção modelam suas opções no futuro" (Abell, 1999).

Contudo, como você pode observar em seu entorno, o planejamento "da ação", no contexto atual, é muito mais **reativo** por se referir não apenas à operacionalização estabelecida, mas às mudanças que são necessárias "para garantir que as atividades funcionais próprias" (Abell, 1999) e as dos parceiros da cadeia de suprimentos se harmonizem com a estratégia. Logo, estamos falando de processos de uma visão de **estratégia logística**, uma vez que, no dia a dia, os envolvidos na gestão da organização não têm tempo de se antecipar às pressões ambientais, sendo levados a reagirem a tais pressões no momento em que elas ocorrem, realizando os chamados *reajustes de rota*.

Por outro lado, "as escolhas para definição do posicionamento da organização no futuro têm, inevitavelmente, um escopo mais amplo, uma vez que os mercados vão evoluir, os concorrentes farão o melhor que puderem e sua base de competências poderá ser expandida ou modificada" (Abell, 1999).

Essa "visão de futuro" implica a **logística estratégica**, pois, assim, as organizações são obrigadas a serem **proativas**, antecipando-se às pressões ambientais e fazendo da logística um novo produto a ser oferecido ao ambiente da organização.

Podemos encontrar uma visão da diferença entre estratégia logística e logística estratégica no quadro a seguir, no qual são apresentadas estratégias sob diferentes enfoques. Nesse quadro, procuramos mostrar como a logística estratégica atuaria em cada um dos casos, permitindo uma clara diferenciação do que pretendemos demonstrar.

》 Quadro 2: Tipologia da estratégia logística e da logística estratégica

Enfoque	Estratégia logística	Logística estratégica
Dominação de custos	Redução dos custos logísticos.	Redução de todos os custos através da logística.
Diferenciação	Qualidade dos serviços logísticos.	A logística como fator de diferenciação.
Inovação	A logística é o suporte para a inovação.	A logística é a fonte/motor para a inovação.
Alianças	Logística como um meio para alianças.	A logística como a fonte/motor para as alianças.
Profissão	Logística como um suporte para integração.	Logística como um novo produto.
Missão	Logística como um suporte para extensão.	Logística ordenada para conquistar novos clientes.
Diversificação	Uso das sinergias logísticas.	Diversificar por meio da logística.

Fonte: Fabbe-Costes; Collin, 1994.

Podemos exemplificar essa questão com uma situação prática, na qual se apresentam duas situações: a definição de se escolher entre a terceirização de serviços logísticos, a prestação integrada de serviços tradicionais ou a contratação de um operador logístico.

1. Na contratação de um prestador de serviços tradicionais integrado, temos uma visão de **estratégia logística**, pois as negociações são mais rápidas e estão restritas a um nível operacional, os contratos estabelecidos apresentam duração menor (de seis meses a um ano) e tendem a concentrar-se em uma única atividade logística (transporte, estoque ou armazenagem) e o objetivo é a redução de custos específicos.
2. No caso da contratação de um operador logístico, encontramos a visão da **logística estratégica**, pois as negociações para contratos tendem a ser longas e normalmente são efetuadas em um nível gerencial mais elevado. O operador oferece múltiplas atividades logísticas de forma integrada (transporte, estocagem, armazenagem, desembaraços, processamento de informações etc.), o objetivo é a redução dos custos totais da logística, além da melhoria no nível de serviços e o aumento da flexibilidade. Os contratos são de longa duração (acima de três anos) e geram dependência entre os parceiros.

›› O planejamento da logística e a estratégia organizacional

Quando você observa as organizações que operam com competitividade no mercado, constata que as estratégias logísticas vêm sendo admitidas como uma ferramenta importante para alavancar os negócios, gerando vantagem competitiva por possibilitarem reduções substanciais de custos ao longo dos canais de suprimentos e distribuição de produtos/serviços, ao mesmo tempo em que elevam o nível de serviços prestados aos clientes.

Assim, cada vez mais as organizações reconhecem a importância dos seus sistemas logísticos para serem mais competitivas para alcançarem o nível de serviço desejado por seus clientes. No entanto, embora seja inegável a grande transformação ocasionada pela implementação estratégica de sistemas logísticos e o consequente despertar da atenção das organizações para o enfoque da logística integrada (materializada pelo SCM), os administradores dos sistemas logísticos têm um desafio enorme nesse ambiente: **desenvolver o planejamento da logística em consonância com a estratégia organizacional.**

Contudo, de diferentes maneiras (estratégias), as organizações utilizam seus sistemas logísticos para conseguir maior competitividade em seus respectivos mercados de atuação. Assim, se você atuar nessa área precisa responder a uma questão-chave: como desenhar o sistema logístico para a obtenção de um desempenho melhor que o dos concorrentes?

Nesse sentido, conforme Christopher (1997), "a missão do gerenciamento logístico é planejar e coordenar todas as atividades necessárias para alcançar níveis desejáveis dos serviços e qualidade ao custo mais baixo possível. Portanto, a logística deve ser vista como o elo entre o mercado e a atividade operacional da empresa."

Assim, é necessário identificar as atividades logísticas que, a partir de esforço mínimo, gerem o maior retorno possível (em termos de maior nível de serviço *versus* menores custos totais possíveis). Segundo Razzolini Filho (2004), não existe uma solução que possa servir como panaceia* universal. Porém, é necessário considerar alguns aspectos importantes: a organização precisa ser eficiente no sentido de reduzir seus custos operacionais, elevar o nível de serviço e, ainda, conseguir sistemas logísticos com flexibilidade e rapidez de resposta.

---

* Panaceia (do grego) ou Panacea (em latim) era a deusa da cura. Assim, o termo *panaceia* é utilizado com o sentido de "remédio para todos os males".

Para Razzolini Filho (2004),

> *a flexibilidade logística deve ser sempre derivada do projeto (design) dos canais de suprimentos e de distribuição e da estratégia pensada para a cadeia de suprimentos como um todo, uma vez que somente a partir de um adequado alinhamento estratégico ao longo da cadeia de suprimentos é que se pode obter uma flexibilidade que seja, realmente, sistêmica.*

Ainda segundo Razzolini Filho, as influências das pressões ambientais devem ser consideradas para que o gerenciamento logístico (com foco nos ambientes interno e externo) seja também flexível.

É oportuno lembrarmos que o objetivo, sob o ponto de vista do gerenciamento dos sistemas logísticos, é estabelecer elos entre o mercado, os canais de distribuição, o processo produtivo e a área de suprimentos, de forma que os clientes possam ter os mais altos níveis de serviços aos menores custos totais possíveis, gerando ganhos para a organização e para todos os demais envolvidos.

›› Questão para reflexão

Destacamos que todo esse processo evolutivo da logística, alinhado à evolução dos processos produtivos e mercadológicos, trouxe importantes mudanças em relação ao tratamento dado pelas organizações ao meio ambiente. Isso é resultado, sobretudo, do comportamento dos clientes e consumidores: é a preocupação com as questões relacionadas com a preservação dos recursos naturais, o que conduz a mais uma pressão sobre os sistemas logísticos, fazendo com que eles estejam preocupados com tais aspectos ambientais.

Ocorre que usamos nessas "questões ambientais", para representar o papel da logística, a expressão *logística reversa*. Questões as quais, na concepção de Cunningham e Distler (1997), constituem-se em um "tema financeiro, político e emocional que teve significativo impacto na cadeia de suprimentos". Diante desses fatores, você concorda com a opinião que circula no mercado e segundo a qual as empresas que se preocupam em incluir a logística reversa em suas estratégias competitivas obtêm vantagens em relação aos concorrentes?

Sob o foco de um contínuo crescimento da importância da responsabilidade social e ambiental cobrada pela sociedade, as organizações que conseguem conciliar suas preocupações com os custos operacionais e com o meio ambiente são aquelas empresas que, de alguma forma, obtêm vantagem competitiva sobre seus concorrentes através da integração dos diferentes elos da cadeia de suprimento e de distribuição. Observamos que tais organizações elaboram um processo no qual o ciclo de vida dos seus produtos é compreendido corretamente, e dessa maneira conseguem desenvolver soluções tanto para uma reciclagem dos seus materiais, para uma eventual revenda de sobras ou sucatas e para a devida destinação final de resíduos (lixo).

» Síntese

Apresentamos neste capítulo alguns fatos históricos que impulsionaram a evolução da logística em um período compreendido entre a Segunda Grande Guerra e os dias atuais. Nesse contexto, pudemos perceber que mudanças no ambiente, seja ele interno ou externo, afetam a forma como a organização se comporta com as naturais consequências sobre os sistemas logísticos. Assim, vimos que a logística evoluiu de uma visão focada exclusivamente no gerenciamento de inventários (nos anos 1950) para uma visão sistêmica e processual (atualmente) em que as questões sociais e ambientais também passam a ser motivo de preocupação dos gestores dos sistemas logísticos.

Ainda na busca por um conhecimento do âmbito de atuação da logística destacamos que os processos logísticos não geram vendas por si mesmos, porém, auxiliam no processo de geração de receitas de vendas e, inclusive, dependendo do seu nível de excelência, podem determinar lucro ou prejuízo. Também aprendemos que foi a evolução dos recursos oriundos das Tecnologias da Informação e da Comunicação (TICs), associados à computação de baixo custo, que possibilitaram a extraordinária evolução da logística a partir dos anos 1990 e nessa primeira década do século XXI.

Outro ponto que você pode encontrar nesta abordagem foi a premissa de que os clientes não compram apenas produtos ou serviços. Eles geralmente desejam um conjunto de valores associados aos produtos/serviços, que, genericamente, denomina-se *nível de serviço logístico* (que oferece utilidades de tempo, lugar, uso, variedade, quantidade, qualidade etc.). Lembrando que é essa condição, isto é, a de agregar o conjunto de valores aos produtos ou aos serviços da organização, que possibilita ao sistema logístico garantir a desejada qualidade no serviço ao cliente.

Obviamente, o objetivo com todo esse conjunto de informações foi permitir a montagem inicial do cenário para o estudo da logística reversa.

» Questões para revisão

1) Explique de que forma a logística é a nova disciplina que tem ajudado as organizações a competirem nos mercados atualmente.
2) Explique a frase: "Não são as organizações maiores que superam as menores."
3) O que significa ser a logística um "conceito integrado"?
4) Explique o papel dos militares para o desenvolvimento da logística.
5) De que forma os sistemas de informações logísticas podem impactar na competitividade das organizações? Por quê?

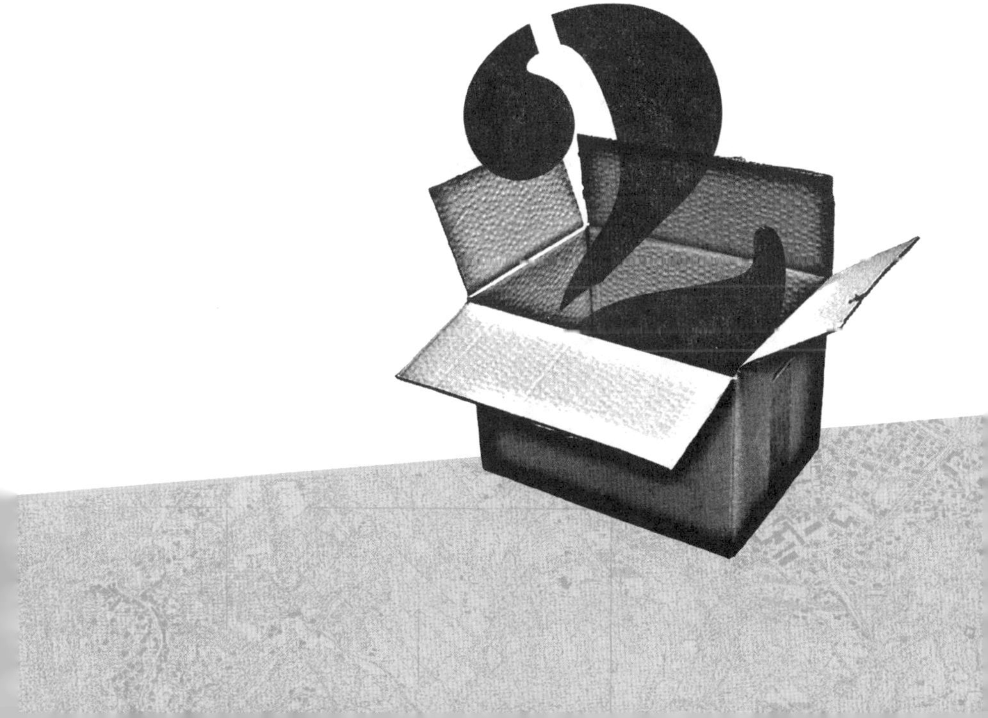

LOGÍSTICA REVERSA

>>> Conteúdos do capítulo:

- contexto da logística reversa no ambiente organizacional;
- o conceito de logística reversa e as questões ambientais;
- a logística reversa no contexto da competitividade organizacional;
- os fluxos logísticos e o fluxo reverso, com seus impactos sobre a logística;
- o conceito de "responsabilidade ampliada dos produtos";
- introdução sobre a Análise do Ciclo de Vida (ACV) e sua importância para as organizações.

>>> Após o estudo deste capítulo, você será capaz de:

- contextualizar a logística reversa nos sistemas logísticos;
- caracterizar operações de logística reversa;
- compreender os impactos das ações de logística reversa sobre a competitividade das organizações;
- caracterizar os fluxos logísticos dentro das organizações e, principalmente, os fluxos reversos;
- estabelecer programas para a análise do Ciclo de Vida dos Produtos.

Podemos, sem receio de cometer nenhum exagero, afirmar que as organizações líderes são aquelas que não negligenciam as questões relacionadas com a logística reversa e que, com isso, apresentam vantagens competitivas sustentáveis em relação a seus concorrentes.

Esse é um pressuposto que por si só justifica a extrema importância de entendermos o conceito de **logística reversa**. Contudo, são diversas as abordagens que você pode encontrar para explicar de que se trata essa área da logística empresarial. O fato é que ela possibilita às organizações a obtenção de vantagem competitiva, através de seus sistemas logísticos, constituindo-se em prática decorrente de mudanças nos hábitos de consumo dos clientes aliadas a maiores exigências por parte das instituições governamentais, diante das mudanças que ocorrem no meio ambiente.

» O desafio ambiental e os aspectos econômico-financeiros

Nesse sentido, você pode observar que o crescimento populacional e da industrialização deflagraram o aumento da preocupação com as questões ecológicas e com o meio ambiente. Isso ocorreu principalmente no que diz respeito ao tratamento dos resíduos sólidos.

Por que isso foi um passo importante? É que, usualmente, a reciclagem recebe pouca atenção, com exceção às latas de alumínio e à sucata de aço de automóveis, porque os custos para utilizar e comprar materiais reciclados são mais elevados que comprar e transportar matérias-primas "virgens".

Assim, como você pode perceber, esse quadro demonstra ser desafiador, pois os canais de retorno (reversos) são geralmente menos eficientes que os canais de distribuição na jusante (fluxo de materiais e produtos que será devidamente explicado mais adiante).

No entanto, é necessário que essa situação seja revertida, pois os consumidores estão mudando. Para Cunningham e Distler (1997), os consumidores apresentam a cada dia uma maior consciência ambiental e, ao mesmo tempo, a popularidade de sofisticados programas de reciclagem continua aumentando e amadurecendo.

Alguns fatores relevantes que ocorrem em virtude de existir maior consciência dos desperdícios no consumo são:

» aumento significativo da separação de resíduos sólidos de difícil degradação do lixo orgânico;
» menor abundância e elevação de preços de matérias-primas;
» descarte com maior consciência, exigindo maior esforço por parte dos sistemas logísticos na elaboração das embalagens.

Fazemos essas observações, pois, antigamente, os resíduos sólidos eram descartados juntamente com o lixo orgânico. Segundo Cardoso (2006), na evolução da perspectiva sobre como tratar do lixo que a humanidade acumula, "a cada dia que passa, a logística reversa, ainda pouco explorada no país, ganha força e espaço no mercado, seja pelo importante apelo ambiental ou pela redução potencial de custos". O autor acredita que a logística reversa ganhará maior destaque em razão de dois aspectos: o **foco ambiental** e o **foco econômico-ambiental**.

⟫⟫ O foco ambiental

O primeiro aspecto – foco ambiental – diz respeito a operações de logística reversa relacionadas com questões ambientais que crescem a cada dia pela maior consciência dos empresários em relação a aspectos de preservação e conservação do meio ambiente.

Nessa perspectiva, entre as primeiras atitudes adotadas pelas organizações, encontramos ações como:

» a procura por meios de promover o retorno de embalagens para o processo produtivo sempre que possível (com a adoção das chamadas *embalagens retornáveis*);
» a busca dos resíduos gerados pelo uso/consumo dos produtos (*vide* exemplo da preocupação com as baterias dos telefones celulares).

O objetivo dessas atitudes de logística reversa está na busca de melhoria da imagem junto aos clientes/consumidores/usuários das organizações, uma vez que o número de clientes que se preocupam com o meio ambiente, cônscios dos impactos ambientais que os produtos das organizações podem gerar, aumenta constantemente.

Esse fator (maior consciência ambiental no mercado), aliado às exigências legais emanadas pela maior parte dos governos dos países desenvolvidos e em desenvolvimento, leva as organizações a buscar certificação ambiental, os chamados *selos verdes*, para poderem vender, inclusive, nos países em que a legislação ambiental é mais rigorosa.

⟫ Questão para reflexão

No Brasil, a Lei n° 9.605*, de 12 de fevereiro de 1998, conhecida no ambiente organizacional como *Lei dos Crimes Ambientais*, estabelece sanções penais e administrativas para quem praticar atividades lesivas ao meio ambiente.

Outra norma relevante é a Lei n° 9.974**, de 6 de junho de 2000, que alterou a Lei n° 7.802, de 11 de julho de 1989 – a Lei n° 9.974/2000 normatiza a pesquisa, a experimentação, a produção, a embalagem e a rotulagem, o transporte, o armazenamento, a comercialização, a propaganda comercial, a utilização, a importação, a exportação, o destino final dos resíduos e embalagens, o registro, a classificação, o controle, a inspeção e a fiscalização de agrotóxicos, seus componentes e afins.

* Para consultar essa lei na íntegra, acesse: <http://www.planalto.gov.br/ccivil_03/Leis/L9605.htm>.
** Para consultar essa lei na íntegra, acesse: <http://www.planalto.gov.br/ccivil_03/Leis/L9974.htm>.

Será que apenas ações legais, como as duas leis comentadas no excerto anterior, serão suficientes para preservar o meio ambiente? Em outros segmentos industriais, além do de agrotóxicos, seria interessante que o governo interviesse, instituindo legislações?

❯❯❯ O foco econômico-financeiro

O segundo aspecto, o foco econômico-financeiro, para Cardoso (2006), visa recuperar custos de produção por meio do retorno de produtos pós-consumo para a cadeia de abastecimento, em virtude de escassez e ou encarecimento de matérias-primas. Entre os segmentos industriais que já praticam a logística reversa para resíduos, subprodutos e embalagens, destacam-se as indústrias de componentes eletrônicos, as montadoras automobilísticas e a indústria de cosméticos. Em alguns países, isso já é prática bastante difundida e os resultados obtidos com a logística reversa são expressivos.

Por fim, o autor conclui que

> *não há dúvida que os empresários irão buscar os caminhos na logística reversa. E isto deverá alavancar o setor, transformando-se em oportunidades para os operadores logísticos. Especialistas têm enfatizado a importância das operações de logística reversa na cadeia de suprimentos como forma de agregar valor aos seus produtos, a sua marca e, principalmente, na redução dos custos diretos.* (Cardoso, 2006)

Existe uma tendência clara, de acordo com Lacerda (2002), no que tange à postura da legislação ambiental no sentido de exigir de forma cada vez mais rigorosa a responsabilidade integral das organizações no que diz respeito:

» a todo o ciclo de vida dos seus produtos;
» a todos os aspectos do destino dos produtos após a entrega aos clientes e pelo impacto que estes gerarem no meio ambiente (mais à frente iremos compreender em que consiste o ciclo de vida dos produtos).

Além das exigências da legislação, como já foi visto, precisamos considerar que o aumento de consciência dos consumidores em relação às questões ecológicas os leva a esperar que as empresas minimizem os impactos negativos de suas atividades sobre o meio ambiente.

Contudo, não apenas a legislação ambiental, como foi visto, foi responsável pelo aumento das práticas de reversão nos processos logísticos. As normas da série **ISO 14000** também incentivam as empresas a adotar as práticas de logística reversa, uma vez que os clientes, principalmente os industriais, começaram a exigir o chamado *selo verde* para adquirir matérias-primas e/ou produtos acabados.

Portanto, à medida que as empresas começaram a reciclar materiais e embalagens descartáveis (caixas de papelão, latas de alumínio, garrafas PET*, vidros etc.) estas são tratadas novamente como matéria-prima e não mais como lixo, postura que caracteriza a logística reversa.

Esses aspectos que levantamos – consciência ambiental, legislação mais rígida e normatizações da Série ISO – devem oferecer novas possibilidades para os sistemas logísticos somarem contribuições às estratégias organizacionais. Assim com o objetivo de entender um pouco mais sobre essas questões e a sua importância para os sistemas logísticos, buscaremos, na sequência, compreender especificamente **o que é a logística reversa**, uma vez que até aqui falamos indistintamente de logística e questões ambientais.

---

* PET é a abreviatura para Polietileno Tereftalato – um material inquebrável, resistente a baixas temperaturas, leve, impermeável, rígido e resistente a substâncias químicas. No entanto, a despeito de todas essas qualidades, a garrafa PET apresenta uma grande desvantagem quanto ao seu impacto ecológico, pois apresenta um longo tempo para se degradar completamente quando no ambiente.

》》 Para saber mais

ASSOCIAÇÃO BRASILEIRA DA INDÚSTRIA DO PET. Disponível em: <http://www.abipet.org.br>. Acesso em: 03 ago. 2009.

Este é o *site* oficial da Associação Brasileira da Indústria do PET. Trata-se de uma associação sem fins lucrativos que reúne a cadeia produtiva do setor de PET do Brasil: fabricantes da resina PET, transformadores, sopradores e recicladores. Seus objetivos são promover a utilização e reciclagem das embalagens de PET, incentivar o desenvolvimento tecnológico, criar aplicações para o PET reciclado e divulgar as ações do setor.

》 Conceituando logística reversa

Ao adentrarmos na busca pela conceituação da logística reversa, faz-se necessário analisarmos aquilo que pesquisadores e estudiosos do assunto pensam e escrevem sobre o tema, para assim compreendermos o que é a logística reversa, pois existem diversas formas de definir o que ela é.

Assim, vamos ver diferentes conceitos apresentados por diversos estudiosos e, por fim, o conceito do Reverse Logistics Executive Council (RLEC), o órgão de referência mundial para o tema.

Inicialmente, recorremos a Biazzi (2002), autor que afirma que os objetos de estudo da logística reversa são "os fluxos de materiais que vão do usuário final do processo logístico original (ou de outro ponto anterior, caso o produto não tenha chegado até esse) até um novo ponto de consumo ou reaproveitamento".

Já dois importantes autores que pesquisam o assunto há mais tempo, Rogers e Tibben-Lembcke (1998), entendem que o conceito de logística reversa é abrangente, podendo ser definido como

> *o processo de planejamento, implementação e controle eficiente (inclusive em custos) de matérias-primas, materiais em processo, produtos acabados e informações relacionadas, do ponto de consumo para o ponto de origem, para atender às necessidades de recuperação de valor e/ou obter o descarte correto/controlado.*

Nesse mesmo propósito de detalhar a definição, Leite[*] (2003) afirma ser a logística reversa a atividade que

> *planeja, opera e controla o fluxo, e as informações logísticas correspondentes, do retorno dos bens de pós-venda e de pós-consumo ao ciclo de negócios ou ao ciclo produtivo, através dos canais de distribuição reversos, agregando-lhes valor de diversas naturezas: econômico, ecológico, legal, logístico, de imagem corporativa, entre outros.*

Razzolini Filho e Zarpelon (2003) explicam o fato de a logística reversa atentar aos "aspectos de gestão ambiental, adequada com padrões de ecodesenvolvimento, além de gerar impulso para novas tecnologias e bioprocessos de reaproveitamento e reciclagem", o que, por si só, é importante para gerar uma imagem positiva para as organizações que a empregam.

---

[*] Paulo Roberto Leite é pioneiro no estudo da logística reversa no Brasil, tendo publicado o primeiro livro relativo ao tema a partir de sua dissertação de mestrado na Universidade Mackenzie (SP).

»» Para saber mais

COUNCIL OF SUPPLY CHAIN MANAGEMENT PROFESSIONALS. Disponível em: <http://www.cscmp.org>. Acesso em: 03 ago. 2009.
Este é o *site* oficial do Council of Supply Chain Management Professionals (CSCMP). Ou seja, trata-se da maior associação internacional de profissionais, estudantes e estudiosos da logística dispersos pelo mundo inteiro. Todos os conceitos oficiais em logística são definidos por essa instituição.

Para nossos propósitos, vamos assumir o conceito* do RLEC (2007), que define a logística reversa como o processo de planejamento, execução e controle da eficiência, do custo efetivo do fluxo de matérias-primas, produtos em processo, de bens acabados, bem como de relações de informações, do ponto de consumo para o ponto de origem com o propósito de recuperar valor para o material ou de descartá-lo da forma adequada.

Ainda segundo o RLEC (2007), logística reversa é mais precisamente o processo de movimentação de bens para destino final com o objetivo de recuperar o valor dos bens ou, senão, eliminá-los adequadamente.

Além disso, uma vez que ela é mais que a reutilização de recipientes e reciclagem de materiais de embalagem, podem ser incluídas na logística reversa:

» o processamento dos materiais retornados em função de danos, estoques sazonais, destinação de equipamentos obsoletos (leilões, sucateamento etc.);
» as atividades de remanufatura e recondicionamento;
» os programas de reciclagem, tratamento de produtos perigosos e a recuperação do recurso.

Nesse contexto, é importante ressaltar que, embora as atividades de redesenho de embalagens para utilizar menos materiais,

* Tradução livre do autor do original em inglês: "The process of planning, implementing, and controlling the efficient, cost effective flow of raw materials, in-process inventory, finished goods and related information from the point of consumption to the point of origin for the purpose of recapturing value or proper disposal".

a redução do consumo energético e da poluição dos transportes sejam importantes questões ambientais, estas não podem ser incluídas como atividades de logística reversa (ou "verde", como preferem alguns). Ou seja, **se nenhum bem ou material estiver sendo movimentado a montante ("para trás") na cadeia de suprimentos, "a atividade não é provavelmente uma atividade de logística reversa"**, de acordo com RLEC (2007).

Porém, além da posição da RLEC a respeito do assunto, Rogers, Tibben-Lembcke (1998) e Leite (2003) entendem que existe a possibilidade de o material ser direcionado para outra cadeia produtiva ou para mercados secundários dentro de uma mesma cadeia, sem que haja necessariamente movimentação a montante para ser considerada uma atividade da logística reversa.

Podemos perceber que todos os autores, direta ou indiretamente, basearam suas definições no conceito estabelecido pelo RLEC. Contudo, é necessário que você reconheça que na essência da logística se encontram os fluxos a jusante e a montante (de materiais, informações, recursos financeiros) e, portanto, esses fluxos devem ser geridos de forma a possibilitar ganhos de competitividade.

Alguns autores apontam o sentido dos fluxos da logística reversa como sendo **a montante** (no sentido inverso aos fluxos "naturais", os quais ocorrem da origem da produção para o ponto de consumo). Porém, também é necessário entender que, como indica Leite (2003), os bens podem ser direcionados, pós-consumo, para um novo ciclo de negócios.

Isso significa que depois de os produtos serem consumidos (ou utilizados, conforme o caso) podem voltar à mesma cadeia produtiva como matéria-prima, a qual será reutilizada nos processos produtivos. Ou, então, esses produtos são direcionados para outras cadeias produtivas para serem transformados em novas matérias-primas ou insumos de outros produtos, como as garrafas PET, as quais são transformadas em vassouras, camisetas etc. No próximo capítulo, veremos a classificação dos sistemas logísticos reversos, em que esse esquema fica mais claro.

Exatamente por esse aspecto é que, para Bronoski (2003), "a logística reversa se aplica tanto como um fator de redução de custos na cadeia produtiva e como um meio de preservação ambiental", pois apresenta foco em um melhor aproveitamento dos produtos, o que concilia os interesses organizacionais e socioambientais das empresas, ao possibilitar uma menor degradação ecológica e ganhos monetários para as organizações que a adotam.

Nessa conjuntura, você pode observar que a logística reversa está conquistando importante espaço na estratégia competitiva das organizações, isto é, em virtude do seu impacto na diminuição de custos e, principalmente, por melhorar a imagem daquelas que implantam sistemas reversos eficientes.

Apenas para exemplificar, a rede de supermercados Walmart (maior organização de varejo do mundo) reorientou suas operações no sentido de melhorar sua imagem junto aos consumidores e, de quebra, conseguir reduções nos seus custos operacionais. Segundo Rosenburg (2007), a frota de caminhões do Walmart consome 500 milhões de litros de diesel por ano; em virtude desse alto nível de consumo, foram estudadas mudanças para reduzir a emissão de poluentes, ao mesmo tempo em que uma economia anual estimada em US$ 400 milhões passou a ser gerada. Além disso, a organização estudou reduções nas embalagens que recebe de seus fornecedores, pois uma redução de apenas 5% no total de embalagens poderia proporcionar uma economia anual de US$ 3,4 bilhões. Ou seja, em apenas dois quesitos logísticos (transportes e embalagens), a organização obteve uma economia da ordem de US$ 4 bilhões e, ao mesmo tempo, adquiriu uma imagem diferenciada junto a seu público-alvo.

❯❯ Os fluxos logísticos e o fluxo reverso

É oportuno, agora que você já possui algumas informações sobre os conceitos aplicados à logística reversa, ou seja, de suas definições e possíveis abrangências, atentar para o fato de que a sua implantação em determinada organização não é simples nem se caracteriza pelo consenso universal por parte do empresariado e governantes. No entanto, encontra na possibilidade de significar vantagens competitivas para a organização frente aos seus concorrentes uma forte aliada para adquirir espaço nos processos de gestão.

Sobre esse processo, o da implantação da logística na gestão organizacional, afirmam Bowersox e Closs (2001) que "desde seu surgimento, a logística concentrou-se no fluxo eficiente de bens ao longo do canal de distribuição". Isso porque os produtos comercializados pelas organizações se movimentam ao longo das cadeias de suprimentos a partir de ordens (pedidos ou informações), que, se mal gerenciadas, podem gerar problemas traduzidos em custos.

❯❯❯ Subdivisão em diversos fluxos

Nesse contexto, parece haver concordância entre os autores da área da logística no que diz respeito à subdivisão dos fluxos logísticos em três segmentos principais:

» o **fluxo físico** – que movimenta os materiais;
» o **fluxo financeiro** – gerado pela necessidade de pagamento dos materiais;
» o **fluxo de informações** – que dinamiza os dois anteriores.

Também parece haver concordância em relação ao fato de que, dos fluxos elencados, o fluxo de informações é o mais importante, uma vez que põe em funcionamento os demais.

Aliás, quando estudamos a gestão da informação, descobrimos a importância de informações de qualidade (notórias, oportunas, consistentes e úteis) para dar suporte ao processo decisório organizacional. Porém, o volume informacional existente no ambiente empresarial cresceu exponencialmente, exigindo maior base tecnológica informacional, além de recursos humanos altamente qualificados para um gerenciamento mais adequado dos recursos informacionais (como os gestores da informação, por exemplo).

O que observamos é que as informações muitas vezes fluem dentro das organizações de forma desordenada, duplicadas ou mesmo distorcidas, gerando problemas ao processo decisório. Processo que, atualmente, deve ser sempre tempestivo (oportuno) e sem margem para erros.

Mas como obter essas características (oportuno sem margem para erros) em atos decisórios? Como o sistema logístico, pela sua natureza, exige integração com várias áreas funcionais da organização e, além disso, com outras organizações dentro da cadeia de suprimentos, é necessário que esse fluxo informacional seja gerenciado de forma coesa, rápida e sempre processual em oposição à visão funcional predominante ainda em muitas organizações.

E quais as ferramentas que devemos utilizar para gerenciar esse fluxo informacional com rapidez? Para conseguirmos a necessária rapidez e flexibilidade demandada pelo atual contexto ambiental em que se insere a logística, é necessário utilizarmos a tecnologia de informação disponível, cujos custos apresentam decréscimo com o passar do tempo, além de uma maior facilidade em sua utilização.

Nessa situação, a de gerenciamento de informações, o objetivo é transferir e gerenciar informações com suporte eletrônico, "com maior eficiência, eficácia e rapidez" (Bowersox; Closs, 2001), pois, quando buscamos a integração dos processos de forma a transferir e gerenciar eletronicamente as informações entre os membros da cadeia de suprimentos, obtemos dessa forma a necessária e desejada redução de custos logísticos. Isso nos leva a um melhor gerenciamento dos fluxos físicos e financeiros, que são colocados em movimento pelos fluxos de informação.

Sob a perspectiva dos fluxos logísticos, os produtos podem seguir três caminhos distintos:

» da fábrica até o armazém ou centro de distribuição;
» do centro de distribuição até o autosserviço ou varejo;
» do autosserviço, ou varejo, até o consumidor.

Nesse processo, o objetivo deve ser integrar esses caminhos, visando dessa maneira a "uma trajetória mais eficiente e efetiva em toda a cadeia" (Bertaglia, 2003). Na execução desse propósito, percebemos que, ao gerenciarmos adequadamente o **fluxo de informações,** aumentamos a possibilidade da integração desses três caminhos.

Ocorre que, de acordo com Bowersox e Closs (2001), "o fluxo de informações foi muitas vezes deixado de lado, pois não era visto como importante para os clientes". Porém, ainda segundo esses autores, as informações com a necessária qualidade (precisas, oportunas, relevantes e úteis) são essenciais para um sistema logístico eficiente e eficaz, por três razões básicas:

» para **aumentar o nível de serviço ofertado aos clientes**, através da disponibilização de informações sobre o andamento dos pedidos, disponibilidade de estoques (produtos), previsão de entrega, faturamento e despacho;
» para **permitir a necessária e desejada redução dos estoques**, além da redução do esforço humano na cadeia de suprimentos, por meio da melhoria no gerenciamento dos fluxos de informações, possibilitando a redução de incertezas relacionadas com a demanda;

» por **aumentar a flexibilidade** com o uso mais adequado dos recursos informacionais, pela melhoria do processo de decisão sobre quando e onde os recursos logísticos podem ser utilizados para a obtenção de vantagens estratégicas.

Além disso, **o grande desafio é considerarmos um quarto caminho**, ou fluxo, não comentado por Bertaglia (2003): o **da logística reversa**, pois, depois da sua venda ou consumo, os produtos podem precisar fazer, por um motivo qualquer, o caminho inverso (reverso), no sentido consumidor-varejo-indústria.

⟫⟫ O quarto fluxo: logística reversa

É o quarto caminho o enfoque deste nosso estudo, embora ele não possa prescindir dos demais. Trata-se de um grande desafio (quase impossível de ser alcançado), em função do número de pontos de coleta a serem atingidos no processo. Porém, as organizações que conseguirem realizar essa integração com um mínimo de efetividade obterão ganhos em relação a seus concorrentes.

Contudo, para implantar a logística reversa em uma organização, você deve observar os processos logísticos em suas definições gerais e amplas. Isso porque se temos o objetivo de conseguir o necessário lucro pela otimização dos recursos disponíveis, precisamos projetar os sistemas logísticos sempre em uma visão ampla em que se busca a integração dos processos necessários para a execução das atividades logísticas.

Se a organização conseguir planejar, implementar e controlar os recursos disponíveis para o funcionamento dos processos internos e externos e os fluxos daí resultantes, de forma integrada e com a necessária flexibilidade e agilidade, certamente essa empresa será mais competitiva do que aqueles concorrentes que não atentarem para os fluxos informacionais.

Nesse conjunto de atividades, segundo Dornier et al. (2000), "logística é a gestão de fluxos entre funções de negócio. A definição atual de logística engloba maior amplitude de fluxos que no passado". Ou seja, anteriormente, as empresas apenas consideravam os fluxos de entrada de matéria-prima e a saída de produtos acabados em direção ao mercado, quando desenhavam seus sistemas logísticos. Porém, atualmente, a definição de logística é ampliada e, ainda segundo os autores, "inclui todas as formas de movimentos de produtos e informações". Assim, "fluxos diretos e reversos ocorrem entre as estruturas internas da organização (gerenciadas tanto pela própria organização quanto por uma empresa fornecedora de serviços logísticos), ou entre a estrutura interna e uma externa – por exemplo, um cliente e um fornecedor" (Dornier et al., 2000).

Nesse contexto, esses autores entendem que os fluxos reversos envolvem os seguintes fatores:

» fornecedores – na manipulação de embalagens e reparos;
» fabricantes – quando operam com reciclagem ou eliminação dos resíduos;
» clientes – nos processos de minimizar excessos de estoques ou de reparos).

Além disso, é necessário considerar que a atual sensibilidade ecológica dos consumidores tem levado os legisladores a promulgar legislações com o conceito de responsabilidade ampliada dos produtos, ou seja, a obrigação do fabricante não termina no momento da venda, do consumo ou da utilização do produto. Ela somente se encerra quando o produto é reintegrado ao ciclo produtivo ou se dá ao mesmo uma destinação adequada (destruição sem agressão ao meio ambiente, depósito em aterros sanitários adequados etc.) (Dornier et al., 2000).

Portanto, é fundamental que as organizações comecem a considerar os fluxos logísticos reversos no planejamento dos seus canais de distribuição, pois tem apresentado crescimento significativo o movimento (fluxo) de produtos no sentido reverso dos canais de distribuição, em virtude de devoluções, trocas ou mesmo reciclagem e recuperação de produtos, que leva à necessidade de reconhecermos a

> *significância do fluxo informacional para o funcionamento do sistema logístico, uma vez que o mesmo é o responsável pela sustentação dos outros dois fluxos e, além disso, pode oferecer as características de flexibilidade e rapidez de respostas, tão necessárias ao bom desempenho dos sistemas logísticos* (Razzolini Filho, 2000).

Como vimos, os fluxos físico e financeiro funcionam com base no fluxo de informações, uma vez que são as informações que iniciam os processos logísticos. E esses três fluxos servem de base para o fluxo reverso. Diante do exposto até aqui, devemos pensar em como a logística reversa pode gerar competitividade aos negócios, o que veremos a seguir.

❯❯ Logística reversa: fator de competitividade

Você já conseguiu formar um cenário do significado da logística reversa no contexto logístico das organizações e as suas implicâncias externas após esta primeira etapa de nossos estudos? Vamos resumir: com um adequado gerenciamento das atividades logísticas, é possível agregarmos valor a produtos que, depois de extinta sua finalidade original, geralmente são depositados no lixo, o que acaba por gerar problemas socioambientais que precisam ser solucionados na esfera governamental (por meio de programas de coleta e/ou reciclagem), embora tenham sido causados por organizações com fins lucrativos. Trata-se, portanto, de uma questão relevante, inclusive sob a ótica da responsabilidade social e ambiental, uma vez que a sociedade como um todo não pode ser penalizada pelas ações de organizações que obtêm lucros com suas atividades.

Mas você pode estar se perguntando: "Por que isso implica lucros para as organizações?". O fato é que ocorre atualmente um significativo aumento da sensibilidade ecológica por parte da sociedade. Ao perguntarmos às pessoas se estas estão dispostas a pagar mais caro por produtos que gerem menos impacto negativo ao meio ambiente, normalmente a resposta é "sim" – resposta verificada em 70% dos pesquisados.

Outro aspecto demonstrativo do aumento dessa consciência socioambiental decorre do fato de que o Brasil, segundo estudo realizado por Calderoni (1998), perdia em torno de R$ 4,6 bilhões por ano pela falta de reciclagem de materiais que acabam no lixo, quando, com critérios de separação e coleta seletivas, tais produtos teriam condições de ser reciclados e/ou reaproveitados de forma a gerar novos recursos ou não desperdiçar matérias-primas. Não temos notícia de estudos recentes sobre esse assunto. Porém, pouca coisa mudou desde então, o que nos leva a crer que continuamos desperdiçando, no mínimo, valores semelhantes anualmente.

››› Questão para reflexão

Desde o início deste estudo, estamos falando de responsabilidade ambiental, consciência ambiental, responsabilidade social. Você já pensou sobre o que se quer dizer com a expressão *irresponsabilidade socioambiental*?

Diante desse quadro, é possível percebermos que as organizações, até mesmo sob um ponto de vista estritamente econômico (visão de lucratividade), devem pensar em como tirar proveito dessa situação e agir de forma a garantir alguma vantagem competitiva. De acordo com Stock (2001b), existem diversos "pecados" que se cometem em logística reversa, entre os quais podemos destacar:

Pecado nº 1: "Não reconhecer que a logística reversa representa fator que cria vantagens competitivas".

Pecado nº 4: "Supor que esforços parciais são suficientes para o tratamento das questões de logística reversa".

Para compreendermos esses dois "pecados" mencionados pelo autor, é necessário que as organizações, para obterem vantagens competitivas a partir de seus fluxos reversos, tenham consciência de que a logística reversa pode proporcionar ganhos em dois aspectos:

» **na concorrência**, pela diferenciação no nível de serviços;
» **nos custos**, pelas economias geradas pela reutilização de matérias-primas e embalagens, principalmente.

Em termos de **concorrência**, implantar programas de logística reversa gera ganhos de imagem pelo fato de que os clientes valorizam empresas que apresentam políticas de retorno de produtos (mesmo que tal postura seja uma exigência da legislação de defesa do consumidor), no caso de riscos de danos aos mesmos; bem como iniciativas de criação de pontos para coleta de inservíveis que exigem destinação especial (por exemplo, baterias de celulares) e de coleta de embalagens que podem ser recicladas para reutilização nos processos produtivos. São os chamados *ganhos proporcionados pelo marketing socioambiental*.

Pelo lado dos **custos**, as economias proporcionadas pela utilização de embalagens retornáveis ou, ainda, pelo reaproveitamento de materiais nos processos produtivos têm gerado ganhos que estimulam ainda mais as iniciativas de logística reversa. Além disso, as exigências de melhorias nos processos do sistema logístico também podem gerar retornos consideráveis, que justificam os investimentos necessários.

Para não cometermos os "pecados" mencionados anteriormente, faz-se necessário mapearmos os processos logísticos de forma a conhecer e compreender seus componentes principais e os inter-relacionamentos daí resultantes, visando garantir que os recursos logísticos possam ser bem utilizados não apenas a jusante, mas, sobretudo, a montante, redirecionando o fluxo logístico a novas oportunidades de negócios.

Nesse processo, segundo Bertaglia (2003), são dois os tipos de fluxos a serem considerados nos sistemas logísticos:

» o fluxo tradicional (a jusante), do fabricante em direção ao consumidor e
» "o fluxo ao qual não se dá tanta atenção e que tem o sentido contrário – a logística reversa –, que vai do consumidor para o fabricante", que seria a montante.

Ocorre que as organizações, de forma geral, apresentam competências significativas na distribuição tradicional (a jusante), mas não são necessariamente competentes no que se convenciona chamar de *logística reversa*. Não podemos deixar de considerar que "a logística reversa inclui a distribuição reversa, que faz com os fluxos físicos, de informações e financeiros, sigam na direção oposta das atividades logísticas usuais" (Razzolini Filho; Zarpelon, 2003).

Como vimos, também é necessário implementarmos bons sistemas de informações, com a correspondente tecnologia de informação, para adequarmos a organização aos fluxos reversos, mais complexos e abrangentes que os fluxos logísticos a jusante, iniciativa que implica custos (que se pagam ao longo do tempo). Porém, um bom sistema de informações logísticas de fluxo reverso precisa de especificidades para poder controlar os fluxos de produtos diversos, bastante heterogêneos, o que faz com que tais *softwares* sejam muito especializados e caros. Mais uma razão que dificulta a implantação de sistemas logísticos reversos.

Além disso, segundo Leite (2003), "os produtos de retorno são considerados ainda, em grande parte, um 'problema' a ser resolvido e geralmente os sistemas de informações da distribuição direta não incluem os retornos de pós-venda, o que dificulta o controle dos fluxos de toda a cadeia reversa."

Como é possível percebermos, são muitas as dificuldades para a implementação de programas de logística reversa. Outro aspecto importante é a necessidade da criação de programas educacionais para fornecedores, colaboradores, vendedores, consumidores e demais elos da cadeia de suprimentos, de forma a ampliar a sensibilidade socioambiental ainda incipiente, podendo garantir, dessa forma, que a percepção de valor ocorra em todos os elos da cadeia de suprimentos.

Por fim, para bons sistemas de logística reversa, precisamos contar com programas de mensuração do desempenho dos sistemas logísticos reversos, uma vez que "mensuração é a competência que busca medir custos, recursos, tempo e qualidade da ação logística, procurando medir eficiência, tendência e competitividade" (CLM, 1995), pois não podemos gerenciar o que não conseguimos mensurar.

Tais sistemas de mensuração devem contemplar três aspectos fundamentais:

» avaliação funcional;
» avaliação processual e
» *benchmarking** (interno, competitivo e não restritivo).

A **avaliação funcional** significa que todas as funções relacionadas com a logística reversa devem ser periodicamente avaliadas para determinarmos sua eficiência e eficácia em relação aos objetivos estabelecidos.

* Entendemos por *benchmarking* a avaliação que a empresa promove no que diz respeito à concorrência, podendo ser tanto interna quanto externa (Houaiss; Villar; Franco, 2009).

Em termos de processos, a **avaliação processual** tem por atribuição monitorar permanentemente os mecanismos de mensuração, verificando sua contribuição efetiva aos resultados dos sistemas de logística reversa e redesenhados quando não estiverem atingindo seus objetivos.

O *benchmarking* é importante para que a organização esteja permanentemente monitorando seu ambiente, interno e externo, em busca de melhores práticas que possam ser implementadas para garantir-lhe maior competitividade.

Quando os clientes percebem que a organização demonstra uma preocupação com as questões ambientais e realiza esforços no sentido de garantir o retorno de seus produtos para a cadeia produtiva ou, no mínimo, para dar um destino adequado aos resíduos gerados por esses produtos, certamente eles estarão dispostos a dar um tratamento também diferenciado à organização. Vejamos "o exemplo da Natura", que ilustra as nossas afirmações.

⟫ O exemplo da Natura

A Natura é uma empresa-ícone do movimento social e ecologicamente correto no Brasil. Trata-se da segunda maior empresa do setor de cosméticos no país, perdendo apenas para a multinacional Unilever, com faturamento anual (2006) de R$ 3,8 bilhões para 241 milhões de unidades de produtos colocados no mercado.

Atualmente, a empresa está preocupada ainda mais com as questões ambientais e definiu como meta imediata reduzir em 33% as emissões de CO_2 em toda sua cadeia produtiva, desde a extração da matéria-prima até o descarte do produto pelo consumidor, nos próximos 5 anos, o que implica programas de logística reversa. Porém, os planos são ainda mais ambiciosos: neutralizar todas as emissões de Gases de Efeito Estufa – GEEs, a partir de 2007 (mesmo que seja por meio da compra de créditos de carbono*).

* Para entender o que são créditos de carbono, leia o artigo *O que são créditos de carbono?*, disponível no seguinte link: <http://www.ambientebrasil.com.br/composer.php3?base=./noticias/index.php3&conteudo=./noticias/amyra/creditos.html>.

A redução de emissões implica desde a mudança nas formulações dos produtos, alterações nas embalagens, mudanças na logística e, ainda, a participação de seus 250 fornecedores. O projeto significa reduzir a energia consumida nas fábricas, diminuir o consumo de combustíveis pelo transporte de matérias-primas e produtos acabados, os resíduos no processo produtivo e, ainda, o lixo gerado no pós-consumo. Além disso, a empresa espera incluir no processo a distribuição dos cosméticos pelas revendedoras até o consumidor final.

Um dos pontos-chave do projeto é o desenvolvimento de produtos e embalagens mais "amigáveis" para com o planeta. Com suas embalagens, a Natura espalha milhões de toneladas de resíduos pelo país, todos os anos, sem nenhum programa consistente de reciclagem, embora 80% dos materiais sejam recicláveis (papel, plástico, vidro e alumínio).

Num determinado momento do passado, a Natura estudou a criação de um projeto de logística reversa que trouxesse as embalagens usadas pelos consumidores de volta para o processo produtivo para reciclagem, mas desistiu porque seria muito caro.

Atualmente, a empresa decidiu tentar novamente através de um projeto piloto na cidade de Recife (PE), em parceria com uma ONG de catadores de papel. A ideia básica é fazer com que as revendedoras da Natura incentivem os consumidores a devolverem as embalagens pós-consumo para a reciclagem.

A empresa sabe de sua responsabilidade socioambiental e conta com sua cadeia de suprimentos para desenvolver a logística reversa que manterá a estratégia de posicionamento como uma empresa ecologicamente correta.

Fonte: Ribeiro, 2007.

Como os exemplos do Walmart e da Natura demonstram, os ganhos obtidos nesses processos não consistem apenas em uma imagem diferenciada da empresa, mas, também, em uma redução significativa de custos operacionais.

São exatamente esses dois pontos que podem gerar vantagens competitivas às organizações:

» os **ganhos de imagem** junto aos consumidores/usuários dos produtos, sobretudo junto a mercados com maior grau de consciência ecológica e social, quando devidamente comunicados através de ações de *marketing* socioambiental e suportados adequadamente pelos sistemas logísticos;
» as possíveis **reduções de custos** operacionais pelo reaproveitamento de matérias-primas recicladas ou recuperadas (principalmente para aquelas com elevados custos junto às fontes produtoras) ou pelas reduções de consumo de combustíveis (como no caso do Walmart) e outros insumos (como na reutilização de embalagens).

Apenas as ações desenvolvidas na logística reversa não são suficientes para a organização atingir os objetivos de competitividade, uma vez que essas ações devem ser sempre planejadas e desenvolvidas em conjunto com as demais áreas para que os resultados sejam aqueles previstos (desejados) no planejamento. É por isso que as questões ambientais também são relevantes e se associam às práticas da logística reversa.

Segundo pesquisa realizada por Rogers e Tibben-Lembcke (1998), a logística reversa apresenta alguns objetivos estratégicos para que as empresas organizem canais reversos, quais sejam, pela ordem de respostas obtidas:

» aumentar a competitividade;
» "limpar" o canal através da redução de estoques parados;
» respeitar legislações existentes;
» revalorização econômica e
» recuperar valor de ativos.

Aumentar a competitividade consiste em utilizarmos a logística reversa como forma de obter diferenciais aos olhos dos clientes. A "limpeza" do canal significa oferecermos ajuda aos clientes através da manutenção de estoques mínimos ao longo do canal de distribuição. O respeito à legislação ocorre quando são implantados programas de logística reversa com o intuito de atender às exigências legais, embora isso possa gerar diferenciais competitivos quando tais programas forem bem aplicados. A revalorização econômica ocorre quando um bem retornado é destinado a canais reversos alternativos, gerando valores residuais que devem ser considerados. Por fim, a recuperação de valor dos ativos objetiva, sobretudo, o remanejamento de ativos fixos ou de estoques com a finalidade de recapturar valor (Leite, 2003). Portanto, existe uma simbiose entre a logística reversa e as questões ambientais e, assim, é necessário um esclarecimento sobre a análise do ciclo de vida dos produtos e sua interligação com a logística, tema do próximo tópico.

❯❯ Logística reversa e Análise do Ciclo de Vida (ACV)

A análise do ciclo de vida tem por principal atribuição investigar o impacto ambiental gerado por um produto durante todo o seu ciclo de vida, desde a extração de matérias-primas, passando pelo processo produtivo, sua utilização ou consumo, até a disposição final desse produto.

Segundo Chehebe (1998), "a análise do ciclo de vida é uma ferramenta técnica, de caráter gerencial" que se preocupa com os impactos ambientais gerados pelos produtos ao longo de sua vida, uma vez que "todo produto, não importa de que material seja feito, madeira, vidro, plástico, metal ou qualquer outro elemento, provoca um impacto no meio ambiente, seja em função de seu processo produtivo, das matérias-primas que consome, ou devido ao seu uso ou disposição final."

A ACV, do inglês *Life Cycle Assessment* (LCA), tem o objetivo de minimizar os impactos ao meio ambiente gerados pelos produtos das organizações. Sob essa perspectiva, é necessário que tudo seja considerado para que os impactos ambientais sejam mínimos ou, de preferência, nulos. A efetivação desse objetivo implica a consideração do processo de produção como um todo: a pesquisa de mercado, a qual será conduzida à etapa de pesquisa e desenvolvimento (P&D), a exploração das matérias-primas, a sua utilização, o consumo energético, o processo de fabricação propriamente dito, a distribuição, o consumo e até o destino final dos produtos.

Assim, a ACV considera todo o ciclo de vida dos produtos, também chamado de *do berço ao túmulo*, visando a considerar todas "as questões ambientais associadas aos sistemas de produção (insumos, matérias-primas, manufatura, distribuição, uso, disposição, reuso, reciclagem)" (Chehebe, 1998), com o objetivo de integrar a qualidade tecnológica e ambiental do produto com o valor agregado para o consumidor e para a sociedade.

O ciclo de vida tem início a partir do momento em que a área de *marketing* das organizações, com base em pesquisas junto ao mercado, decide pelo lançamento de um novo produto; o estágio seguinte passa pela pesquisa e desenvolvimento, quando já podem ser consideradas algumas questões relativas às embalagens dos produtos. Depois de o produto estar definido, inicia-se o processo produtivo propriamente dito; com a extração das matérias-primas necessárias, passa-se ao estágio de fabricação e embalagem do produto que será então transportado para o mercado consumidor. O produto será, então, consumido/utilizado (conforme sua finalidade) e voltará ao processo de fabricação através da reciclagem/recuperação (caso a caso) ou, ainda, terá sua destinação final em aterros sanitários ou depósitos específicos para materiais com legislação adequada. Esse ciclo pode ser visualizado na Figura 2.

> **Figura 2:** O ciclo de vida dos produtos "do berço ao túmulo"

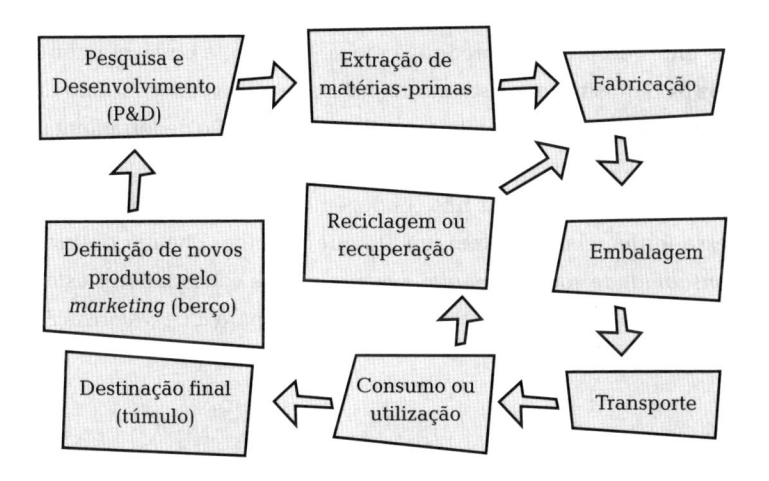

```
Pesquisa e              Extração de
Desenvolvimento   →    matérias-primas   →   Fabricação
(P&D)
    ↑                                              ↓
Definição de novos     Reciclagem ou
produtos pelo          recuperação              Embalagem
marketing (berço)
                            ↑                       ↓
Destinação final   ←   Consumo ou        ←   Transporte
(túmulo)               utilização
```

Através da análise do ciclo de vida, podemos tomar uma série de decisões relacionadas com a questão ambiental, como no momento do projeto, ao determinarmos quais matérias-primas podem ser utilizadas e que causarão menos impactos ambientais pelo produto final; na definição do processo produtivo, ao escolhermos quais equipamentos e processos serão mais eficientes em termos de redução do consumo energético necessário à fabricação; na definição de que tipo de embalagem será mais adequado sob a ótica ambiental. Aí entram as questões de logística reversa a serem consideradas:

» Como estruturar o processo de coleta dos materiais a serem reciclados/recuperados?
» Qual a forma (modal) de transporte será utilizada para o transporte?
» Como será feita a destinação final pós-consumo/utilização?

Podemos perceber que os impactos ambientais podem ser avaliados antes mesmo do início do processo de fabricação de produtos, e que as considerações sobre a logística reversa devem ser tomadas antes do processo produtivo em si. Ou seja, é possível definirmos os requisitos dos sistemas logísticos reversos antes mesmo da sua operacionalização efetiva, a partir da utilização de ferramentas como a ACV.

Quando as empresas não conduzem seus processos produtivos dessa forma, elas cometem um ato que podemos chamar de *irresponsabilidade socioambiental*, postura que os consumidores estão começando a ver como fatores contribuintes para a desvalorização de produtos no mercado.

» Síntese

Este capítulo nos permitiu compreender que o crescimento populacional e o aumento da industrialização fizeram aumentar as preocupações com o meio ambiente e as questões ambientais, principalmente pelo elevado aumento de resíduos sólidos resultantes do aumento do consumo de produtos industrializados. Isso tem levado as organizações a repensarem seus produtos, desde o momento da concepção até o destino final dos resíduos gerados por seu consumo ou utilização. Assim, as organizações tem se preocupado em gerenciar programas de reciclagem em virtude do aumento de consciência ecológica por parte dos consumidores. É nesse contexto que se insere a logística reversa dentro das organizações, uma vez que as matérias-primas vão se tornando mais escassas e caras.

Além disso, pudemos compreender que a logística reversa é um processo que inclui o planejamento, a operacionalização e o controle de forma eficiente (com custos operacionais baixos) do fluxo de matérias-primas, dos produtos em processo, dos produtos acabados e das informações relacionadas com todos esses fatores, desde o ponto de consumo até o ponto de origem, com o objetivo de revalorizar os materiais, dar-lhes uma destinação afinal adequada ou recuperá-los para novo uso industrial. Porém, como vimos, também os bens podem ser redirecionados, depois do seu uso ou consumo, para um novo ciclo de negócios. Ou seja, é possível, por exemplo, que, após consumirmos nossos refrigerantes em embalagens PET, essas embalagens sejam destinadas a outro segmento industrial para serem transformadas em tecidos sintéticos ou estofamento para automóveis. Com a adoção do conceito de logística reversa por parte das organizações, aumenta a preocupação com as questões ambientais de forma positiva, ou seja, as organizações procuram oferecer respostas concretas aos problemas gerados pelos resíduos dos seus produtos.

Vimos que a logística reversa, quando bem gerenciada, pode proporcionar aspectos de competitividade às organizações, na medida em que essa iniciativa gera uma imagem positiva junto aos consumidores e possibilita reduções de custos em alguns casos (como na reutilização de embalagens, por exemplo). Assim, com programas reversos de logística bem gerenciados, as organizações podem, inclusive, apresentar ganhos de competitividade nos seus respectivos mercados de atuação.

Também compreendemos que os diferentes fluxos logísticos (físico, de informações e financeiro), em conjunto com o fluxo reverso, exercem impacto significativo sobre o funcionamento dos sistemas logísticos, devendo ser desenhados e gerenciados de forma a garantir que os sistemas funcionem com harmonia, garantindo resultados sobre o nível de serviço oferecido aos clientes e, também, sobre a diminuição dos custos logísticos. Conhecemos o conceito da responsabilidade ampliada dos produtos, que é uma exigência legal que se faz sobre os produtos da organização, determinando que esta assuma a responsabilidade por seus produtos e pelos resíduos gerados por estes após seu consumo ou uso.

Por fim, aprendemos um pouco sobre a Análise do Ciclo de Vida (ACV) e sua importância para as organizações que se preocupam com as questões ambientais, uma vez que esse conceito se ocupa do gerenciamento dos produtos desde sua concepção, na fase de pesquisa e desenvolvimento, até sua extinção ou destinação final.

» Questões para revisão

1) Como podemos conceituar a logística reversa? Justifique o seu conceito.
2) De que forma(s) a logística reversa pode gerar ganhos para as organizações que a praticam?
3) A logística reversa aumenta ou diminui os custos dos sistemas logísticos? Por quê?
4) Como e por que devem ser avaliados os sistemas logísticos reversos? Você acha que a avaliação de desempenho é importante? Por quê?
5) O que é análise do ciclo de vida de produtos? Como ela se relaciona com a logística reversa?

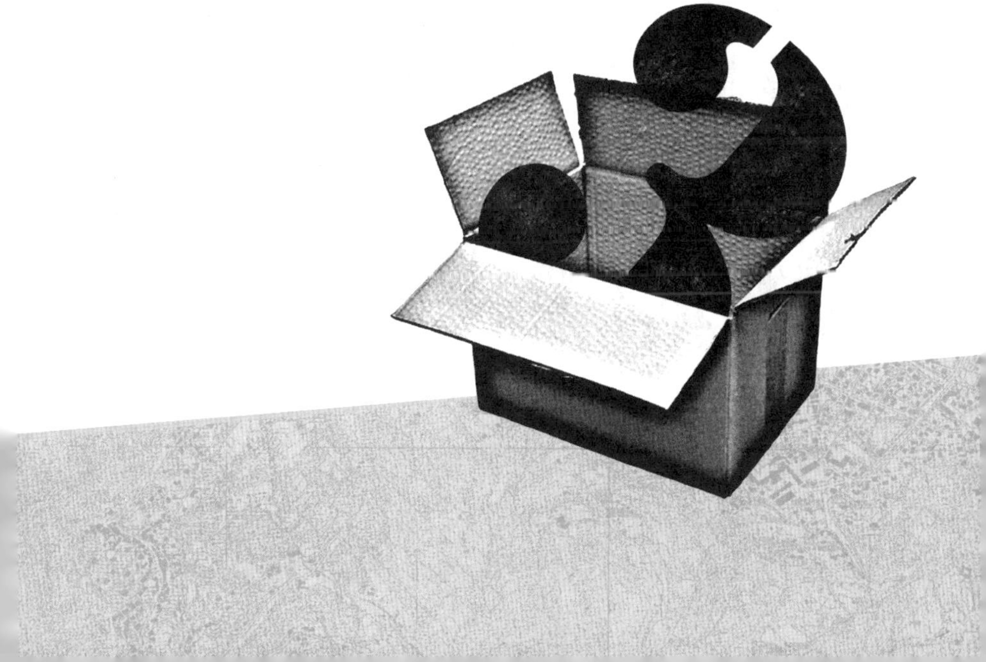

TIPOS DE CANAIS NA LOGÍSTICA REVERSA

>>> Conteúdos do capítulo:

- conceito de gerenciamento de canais logísticos reversos;
- tipos de bens – classificação por tipo de consumo ou pela durabilidade;
- classificação dos canais reversos;
- análise sobre a Administração da Recuperação de Produtos (*Product Recovery Management* – PRM);
- logística reversa e reciclagem;
- embalagens e a logística reversa.

>>> Após o estudo deste capítulo, você será capaz de:

- identificar canais logísticos reversos;
- identificar corretamente os bens produzidos por uma organização;
- classificar e sistematizar canais logísticos reversos;
- diferenciar conceitos de programas de PRM;
- estabelecer diferenças entre programas de reciclagem domésticos e organizacionais;
- compreender os diferentes tipos de embalagens e como gerenciá-las.

Existem diversos tipos de sistemas logísticos reversos implantados em diferentes organizações. Compreender as dificuldades para sua implementação a partir da compreensão do que é gerenciar canais reversos, como se classificam os bens e o que seja logística reversa de pós-consumo e de pós-venda é importante para compreendermos como cada tipo de canal reverso pode ser aplicado a uma organização em particular.

Conforme já escrevemos, à medida que se dá o crescimento populacional e industrial, cresce a preocupação com as questões ambientais e ecológicas. A grande preocupação é decorrente do fato de que as organizações industriais têm empregado a cada dia uma quantidade maior de embalagens e produtos descartáveis, demonstrando uma pequena preocupação com a reciclagem.

Em virtude da dificuldade para operar canais reversos, é mais barato usar, na maioria dos casos, matérias-primas "virgens" do que materiais reciclados. À medida que as matérias-primas se tornam mais caras, os canais reversos são economicamente viáveis, pois, do ponto de vista da logística, o ciclo de vida de um produto não se encerra com a entrega de um produto ao cliente. Produtos danificados (por qualquer motivo), obsoletos ou com problemas de funcionamento precisam retornar ao ponto de origem para serem reciclados, reaproveitados ou descartados. Isso já foi visto quando tratamos da análise do ciclo de vida do produto e será visto mais adiante, quando tratarmos da administração da recuperação de produtos.

❱❱ Os diversos fluxos de operações e logística

É fato que existe a necessidade de canais reversos para um melhor funcionamento dos sistemas logísticos, seja por questões legais, seja por razões puramente econômicas. Assim, o gerenciamento dos canais reversos de distribuição pode ser definido como "as atividades logísticas em que uma organização se ocupa da coleta de seus produtos usados, danificados ou ultrapassados, embalagens e/ou outros resíduos finais gerados pelos seus produtos" (Razzolini Filho, 2004).

Daí a necessidade de compreendermos a questão dos fluxos logísticos, conforme visto no capítulo anterior. Segundo Dornier et al. (2000), as principais famílias de fluxos de operações e logística são caracterizadas pela direção destes e pelas relações de fluxos envolvidas, conforme a figura a seguir.

» **Figura 3:** Fluxo de operações e logística

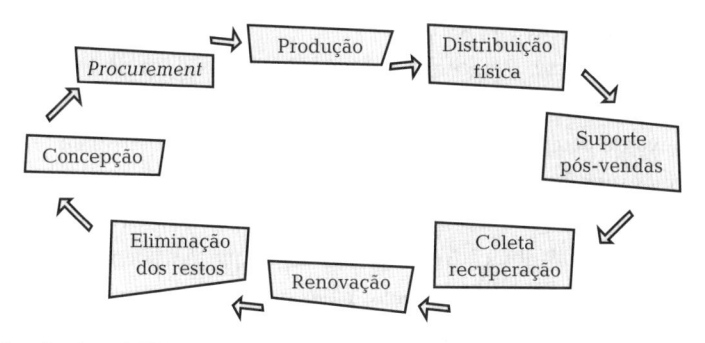

Fonte: Dornier et al., 2000.

Como é possível percebermos por meio da figura, o **ciclo logístico** compreende algumas etapas básicas:

» inicia-se a partir da concepção de novos produtos, momento em que organização já deve estar preocupada com as matérias-primas que entrarão na composição do bem;
» passa pelo processo de *procurement*, que implica comprar as matérias-primas mais adequadas ao processo produtivo;
» na sequência, passa pela produção em si;

» continua com a distribuição física ao mercado.

Posteriormente a esse processo, é necessário o **suporte de pós-venda**, no qual a logística reversa:

» tem início com a coleta e a recuperação dos produtos;
» passa pela renovação até a eliminação dos restos que não puderem ser renovados ou recuperados.

Em função desse ciclo e em virtude da diminuição do ciclo de vida dos produtos, não importando por quais fatores (tecnológicos, novos modelos, moda, necessidade de *status* etc.), a velocidade e o volume de produtos descartados que precisam ser recuperados aumentaram. Da mesma forma, aumentou o número de produtos destinados a novos ciclos de negócios ou, ainda, para destinação final em depósitos de lixo.

Diante disso, é necessário considerarmos os tipos de bens que atualmente são colocados à disposição da sociedade. Daí advém o motivo de compreendermos como se classificam os bens para analisarmos seus impactos sobre o meio ambiente. Assim, na continuação, será compreendida a classificação dos bens para entendermos os tipos de canais de distribuição reversos existentes, que têm por objetivo não permitir que os produtos gerados pelas empresas possam ser motivo de perda de valor para a marca ou para a imagem da empresa.

» Classificação dos bens

Os bens, via de regra, podem ser classificados de diferentes formas, dependendo da ciência que os está analisando. Para o *marketing*, para ficarmos apenas em um exemplo, os produtos podem ser classificados em *produtos de consumo, industriais, duráveis, não duráveis, ampliados* etc.

Porém, sob a perspectiva da logística reversa, os produtos devem ser considerados exatamente em relação à sua **durabilidade e consumo**. Assim, os produtos de consumo são classificados, conforme Dias (2003), em:

» **Produtos de conveniência**: Aqueles que são comprados com grande frequência, sem a exigência de uma comparação mais aprofundada com outros e que apresentam preços relativamente baixos, tais como leite, pão, arroz e feijão.

» **Produtos de compra comparada**: Comprados em intervalos de tempo maiores, através de processos de comparação de benefícios e atributos com outros produtos, apresentando geralmente preços mais elevados, como eletroeletrônicos, roupas, móveis e outros utensílios domésticos.

» **Produtos de especialidade**: Que apresentam características bastante diferenciadas, quase únicas e com marcas de grande representatividade; são produtos encontrados com maior dificuldade e os clientes que os desejam despendem mais tempo e energia para procurá-los e comprá-los. Podemos citar, como exemplos, vestidos de alta costura, selos para colecionadores, entre outros.

Já a classificação básica em função de sua **durabilidade** considera que os produtos podem ser:

» **Produtos duráveis**: Aqueles que têm sua duração avaliada pela sua vida útil, como os automóveis, os fogões, os refrigeradores etc., geralmente medida em anos.

» **Produtos não duráveis**: aqueles que são consumidos imediatamente ou em prazos muito curtos, tais como os alimentos, por exemplo.

Sob a ótica da logística reversa, o mais interessante é considerarmos a vida útil dos produtos, ou seja, **sua durabilidade**, uma vez que é exatamente esse o problema principal para a implantação de sistemas logísticos reversos. Logo, consideramos oportuno uma classificação mais detalhada, sob esse prisma, o da vida útil. Nesse sentido, a classificação dos bens de Leite (2003) nos parece bastante abrangente, pois, segundo ele, os bens podem ser:

» **Descartáveis**: Com uma vida útil média raramente superior a seis meses.
» **Semiduráveis**: Apresentam uma vida útil média de alguns meses, raramente superior a 24 meses. Sob a ótica da logística reversa, ora são considerados como duráveis, ora como descartáveis.
» **Duráveis**: Com vida útil média variando de alguns anos a algumas décadas.

Essa classificação nos permite considerar e trabalhar com os canais de distribuição reversos em duas categorias:

1. canais reversos de pós-venda;
2. canais reversos de pós-consumo.

Esses canais e seu funcionamento podem ser percebidos na figura a seguir.

» **Figura 4:** Canais reversos de pós-venda e pós-consumo

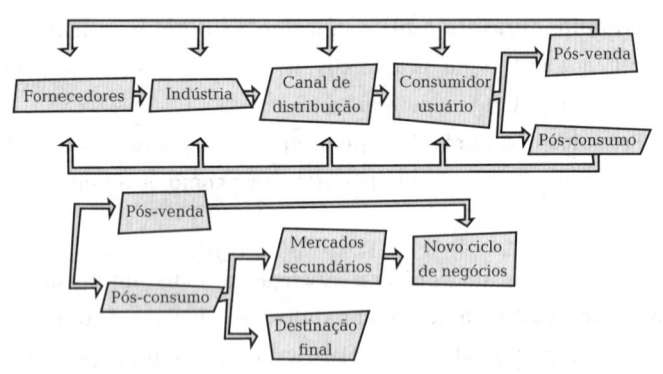

A figura nos permite perceber que os bens podem retornar à cadeia produtiva, ou seja, até sua origem nos fornecedores ou em qualquer um dos pontos intermediários:

1. No caso dos **bens de pós-venda**, estes podem retornar para a cadeia por qualquer uma das razões já comentadas (reciclagem, correção de defeitos, revalorização) ou podem, ainda, seguir para um novo ciclo de negócios em mercados secundários, como os *outlets centers*, por exemplo.
2. No caso dos **canais reversos de pós-consumo**, os bens podem seguir para novos ciclos de negócios através dos mercados secundários ou, por fim, para sua destinação final em aterros sanitários (preparados ou não) conforme sua coleta seja efetuada.

Leite (2003) denomina a **logística reversa de pós-venda** como a área específica de atuação

> *que se ocupa do equacionamento e operacionalização do fluxo físico e das informações logísticas correspondentes de bens de pós-venda, sem uso ou com pouco uso, os quais, por diferentes motivos, retornam aos diferentes elos da cadeia de distribuição direta, que se constituem de uma parte dos canais reversos pelos quais fluem esses produtos.*

Por outro lado, a **logística reversa pós-consumo** é denominada, segundo o autor citado, como

> *a área de atuação da logística reversa que equaciona e operacionaliza igualmente o fluxo físico e as*

informações correspondentes de bens de pós-consumo descartados pela sociedade em geral que retornam ao ciclo de negócios ou ao ciclo produtivo por meio de canais de distribuição reversos específicos.

Uma outra forma de percebermos esses ciclos reversos pode ser vista na figura a seguir.

》 Figura 5:: Fluxo dos retornos e de bens secundários dos mercados

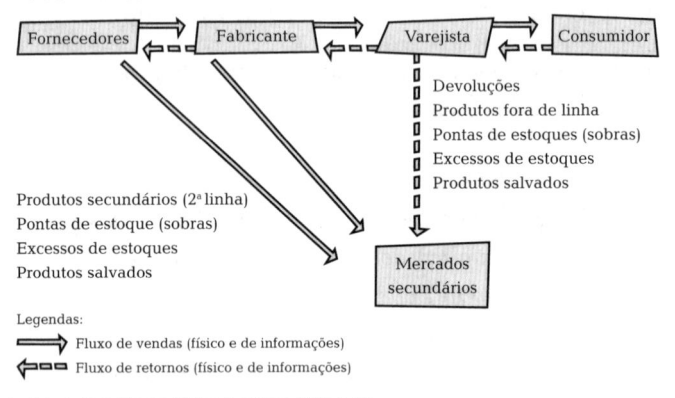

```
Fornecedores → Fabricante → Varejista → Consumidor
                                │
                                ├─ Devoluções
                                ├─ Produtos fora de linha
                                ├─ Pontas de estoques (sobras)
                                ├─ Excessos de estoques
                                └─ Produtos salvados
                                        ↓
Produtos secundários (2ª linha)
Pontas de estoque (sobras)         Mercados
Excessos de estoques              secundários
Produtos salvados
```

Legendas:
⟶ Fluxo de vendas (físico e de informações)
⇐⚌⚌ Fluxo de retornos (físico e de informações)

Fonte: Adaptado de Rogers; Tibben-Lembcke, 1998, p. 90.

A figura nos permite perceber que o consumidor realiza devoluções ao varejo, por qualquer motivo, e o varejista, por sua vez, repassa muitas dessas devoluções ao fabricante ou encaminha para mercados secundários (por exemplo os *outlets centers*). A indústria também devolve aos fornecedores ou coloca produtos retornados nos mercados secundários, que iniciam uma nova cadeia de valor.

Também é importante compreendermos que o gerenciamento

do fluxo reverso está inserido em uma atividade importante, chamada *Administração de Recuperação de Produtos* (*Product Recovery Management* – PRM), que está conquistando espaço rapidamente nas empresas, conforme veremos na sequência.

» Administração da recuperação de produtos

Uma área de estudos que tem ocupado espaço no ambiente empresarial é a chamada *Product Recovery Management* (PRM), ou administração da recuperação de produtos, que pode ser definida como a gestão de todos os produtos, seus componentes e todos os materiais usados e descartados, pelos quais uma empresa fabricante é responsável, seja por contratos, exigências legais ou qualquer outro motivo (Thierry et al., citados por Krikke, 1998).

Portanto, é possível percebermos que a PRM implica vários aspectos de gerenciamento, inclusive a logística reversa. Trata-se de um conjunto de ferramentas de gestão, potencializadas pelas tecnologias *web* (internet), com o propósito de auxiliar o gerenciamento de canais de venda indiretos pela agregação de serviços e comunicação intensa entre os membros dos canais. Assim, é a PRM que objetiva a recuperação do valor econômico e ecológico dos produtos, bem como de seus componentes e materiais. Segundo Krikke (1998), são quatro os níveis em que os produtos que retornam a montante podem ser recuperados: **nível de produto, de módulos, partes componentes** e **materiais**. Esses quatro níveis podem ser classificados em cinco opções de PRM: **reparo, renovação, remanufatura, canibalização** e **reciclagem**, todos esses processos resultando em outros produtos (ver Quadro 3).

Segundo Daher, Silva e Fonseca (2004), as empresas podem utilizar uma ou mais opções de PRM e, consequentemente, o sistema de logística reversa será desenhado em função das opções de

PRM utilizadas, uma vez que o planejamento e a organização da logística reversa que pretenda otimizar os recursos disponíveis são fatores fundamentais para o bom funcionamento da PRM.

» **Quadro 3**: Resumo de opções de recuperação de produtos

Opções de PRM	Nível de desmontagem	Exigências de qualidade	Resultado obtido
Reparo	Produto	Restaurar o produto para pleno funcionamento.	Algumas partes reparadas ou substituídas.
Renovação	Módulo	Inspecionar e atualizar módulos críticos.	Alguns módulos reparados ou substituídos.
Remanufatura	Parte	Inspecionar todos os módulos/partes e atualizar.	Módulos/partes usados e novos em novo produto.
Canibalização	Recuperação seletiva de partes	Dependência do uso em outras opções de PRM.	Algumas partes reutilizadas, outras descartadas ou para reciclagem.
Reciclagem	Material	Depende do uso em remanufatura.	Materiais utilizados em novos produtos.

Fonte: Krikke, 1998.

A PRM, portanto, é uma importante área da gestão na qual se insere a logística reversa e que oferece distintas alternativas para o gerenciamento dos canais reversos pós-consumo ou pós-venda, por apresentar diferentes níveis de desmontagem dos produtos que seguem a jusante nos canais diretos que, por qualquer motivo, retornam a montante. Além de ser uma ferramenta importante, a administração de recuperação de produtos possibilita alguns ganhos significativos no gerenciamento da cadeia logística, entre os quais podemos citar:

» práticas de comércio colaborativo, possibilitando aumento de vendas;
» melhor gerenciamento dos canais diretos e reversos;
» relacionamentos de confiança entre os membros do canal, pela melhoria dos processos de comunicação;
» aumento de rentabilidade pela recuperação de valor econômico;
» ganhos de imagem pela recuperação de valor ecológico.

Conforme percebemos na descrição da PRM, um aspecto que tem merecido significativa preocupação nos sistemas de logística reversa é a questão da reciclagem, sobretudo em razão do enorme volume de lixo gerado por embalagens inadequadas ou de difícil retorno à cadeia produtiva. Esse é o tema que contemplaremos a seguir.

>> A logística reversa e a reciclagem

Alguns países já contam com uma legislação que regulariza o descarte de embalagens. No caso do Brasil, existem algumas iniciativas esparsas de legislativos municipais e estaduais nesse sentido, porém, sem resultados concretos. Em virtude de as restrições ambientais não serem muito rigorosas, a decisão de utilizar embalagens retornáveis ou reutilizáveis fica restrita aos aspectos econômicos da questão.

Embora a questão ambiental seja o conteúdo abordado especificamente na segunda parte deste livro, nesta seção iremos conhecer um pouco mais a questão da reciclagem e os principais tipos de embalagens utilizados no dia a dia pelas empresas brasileiras, além dos aspectos relacionados à logística reversa de embalagens.

››› Reciclagem

A reciclagem pode ser definida como a atividade de recuperação de materiais descartados que podem ser transformados novamente em matéria-prima para a fabricação de novos produtos. Também se denomina *reciclagem* o retorno da matéria-prima ao ciclo de produção, além de designar, genericamente, o conjunto de operações envolvidas para esse retorno.

A partir do primeiro "Choque do Petróleo", em 1973, países e empresas passaram a ver a reciclagem como uma iniciativa estratégica, ganhando popularidade, sobretudo, pelo aspecto econômico do impacto provocado pelo aumento significativo no preço do barril de petróleo, e não tanto pelas questões ambientais, como preferem destacar os ambientalistas. É importante esclarecer que, na maior parte dos processos de reciclagem, o produto reciclado é absolutamente diferente do produto original e também não pode ser reutilizado para compor o mesmo produto que lhe deu origem (em alimentos, por exemplo, somente são aceitos materiais virgens como embalagem).

››› Questão para reflexão

Você já pensou sobre qual a razão que justifica a afirmativa de que "é mais barato usar, na maioria dos casos, matérias-primas 'virgens' do que materiais reciclados"? Procure encontrar as razões que justificam tal conceito.

Sem cair em "tecnicismos" próprios da área, podemos definir a reciclagem como o reaproveitamento (ou reutilização) de um polímero* no mesmo processo em que, por qualquer motivo, foi rejeitado. Portanto, a reciclagem é um conjunto de técnicas que objetiva o aproveitamento de resíduos no ciclo de produção no qual estes tiveram origem.

* Substância constituída de moléculas caracterizadas pela repetição múltipla de uma ou mais espécies de átomos ou grupos de átomos (unidades constitucionais) ligados uns aos outros em quantidades suficientes para fornecer um conjunto de propriedades que não variam acentuadamente com a adição ou a remoção de uma ou algumas unidades constitucionais.

Basicamente, a reciclagem pode ser dividida em etapas, ou técnicas, com a finalidade de aproveitar os resíduos (detritos). Essas etapas podem ser divididas em: **coleta, separação, revalorização** e **transformação**. Etapas que detalharemos na sequência.

Etapas da reciclagem

A caracterização das etapas do processo de reciclagem, considerando as atividades que cada uma delas compreende, pode ser descrita da seguinte maneira:

» **Coleta**: É a atividade de recolhimento dos materiais, nos locais onde são depositados ou descartados pelos consumidores ou usuários.

» **Separação**: Atividade de triagem dos materiais por seus tipos (plástico, vidro, metal, madeira, papel etc.; ver Figura 6).

» **Revalorização**: Etapa intermediária em que os materiais separados (classificados) são preparados para serem transformados em novos produtos.

» **Transformação**: É o processamento dos materiais revalorizados para a geração de novos produtos/insumos destinados a novos ciclos produtivos.

Paralelamente aos conceitos e atribuições de cada etapa, devemos, na continuidade do processo, enfocar o fator econômico envolvido na implantação ou execução da reciclagem, ou seja, nos aspectos que garantem a sustentabilidade dessa atividade.

Aspectos econômicos a serem considerados para a reciclagem

Sob uma perspectiva logística, visando garantir a sustentação econômica da atividade de reciclagem, devem ser considerados alguns aspectos importantes, quais sejam:

- » a demanda existente no mercado por materiais reciclados;
- » os custos envolvidos no processo – coleta (transporte), separação, armazenagem e revalorização (preparação do material antes do processamento, inclusive a sua limpeza);
- » os custos de processamento (transformação);
- » as quantidades de materiais disponíveis (o volume é essencial para garantir economias de escala);
- » as distâncias entre a fonte geradora e o local de reciclagem, em função dos custos de transporte envolvidos para produtos (geralmente) de baixo valor agregado;
- » as facilidades logísticas necessárias para o suporte operacional (armazéns, equipamentos de movimentação etc.);
- » as características e aplicações do resultado da reciclagem (produto).

Como podemos perceber, o desenho de um sistema logístico reverso para a reciclagem implica várias questões de ordem econômico-financeiras, devendo ser realizado após criteriosas análises de relação custo-benefício. Segundo Vilhena (2007), as discussões sobre as questões ambientais, inseridas em um contexto mais amplo de "desenvolvimento sustentável" estão ganhando espaço no Brasil, e a reciclagem é a

> *mola propulsora deste processo, pois o conceito abrange diversos aspectos técnicos, econômicos e sociais da relação Homem x Meio Ambiente. Entender a Importância da reciclagem é o primeiro passo, mas saber praticá-la é o desafio maior. Ao contrário do que muitos imaginam, a relação custo/ benefício de um projeto de reciclagem*

bem gerenciado pode apresentar resultados positivos surpreendentes. Já é possível enumerar alguns casos pelo Brasil.

Apenas a título de informação, devemos esclarecer que para a identificação dos diferentes tipos de materiais em processos de coleta seletiva foram padronizados símbolos e cores para cada tipo de material que é coletado com o objetivo de reciclagem. Os símbolos convencionados são os seguintes:

» **Figura 6:** Símbolos de materiais para coleta seletiva

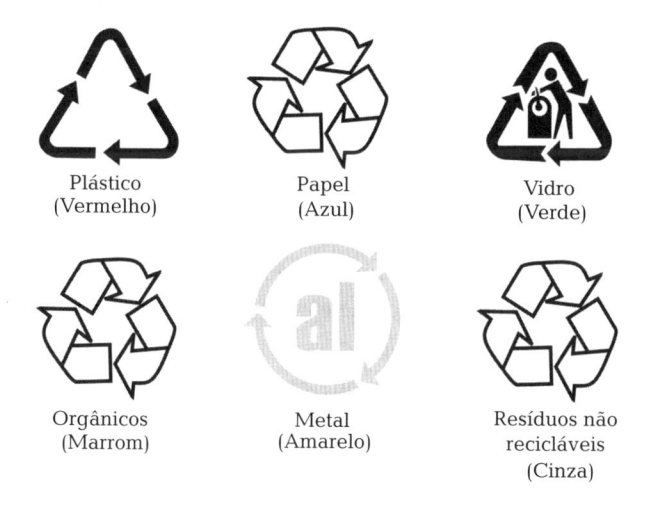

Plástico (Vermelho)	Papel (Azul)	Vidro (Verde)
Orgânicos (Marrom)	Metal (Amarelo)	Resíduos não recicláveis (Cinza)

Precisamos compreender a questão do retorno de materiais ao ciclo produtivo, sob uma perspectiva logística, como um fato econômico-financeiro que pode ser benéfico às empresas se esse processo for bem gerenciado. Assim, na continuação, vamos analisar a questão das embalagens não retornáveis, destinadas às operações de reciclagem ou aos depósitos de lixo, e as retornáveis, conduzidas aos processos de distribuição direta, uma vez que são fonte potencial de ganhos às empresas (econômico-financeiros e de imagem).

❯❯ Embalagens retornáveis e não retornáveis

As embalagens são necessárias, até mesmo indispensáveis, nos sistemas logísticos, para garantir a integridade dos produtos que contêm e, com isso, gerar a utilidade de condições de uso. Ou seja, somente embalados os produtos podem ter sua utilidade garantida, bem como o uso ou a destinação para qual foram criados. Além disso, as embalagens apresentam importância econômica relevante, ao considerarmos que representam "aproximadamente 2% do PNB (Produto Nacional Bruto)" (Moura; Banzato, 1997).

De forma simples, é possível caracterizarmos as embalagens em dois grupos principais: as embalagens **descartáveis** e as **retornáveis**.

Embalagens descartáveis são aquelas que chegam ao usuário ou ao consumidor final e são descartadas imediatamente após o uso ou consumo do produto que elas contêm, sendo destinadas ao lixo, podendo ou não ser recicladas, dependendo da existência de sistemas de coleta seletiva ou diferenciada.

Por outro lado, as embalagens retornáveis são aquelas que podem ser reutilizadas, conforme será visto no decorrer desta seção.

Como você poderá perceber no transcorrer de seus estudos, pesquisas ou mesmo trabalhos, são diversos os conceitos oferecidos para as embalagens. Porém, usaremos como ponto de partida o encontrado em Moura e Banzato (1997):

> *Embalagem é o conjunto de artes, ciências e técnicas utilizadas na preparação das mercadorias, com o objetivo*

de criar as melhores condições para seu transporte, armazenagem, distribuição, venda e consumo ou, alternativamente, um meio para assegurar a entrega de um produto numa condição razoável ao menor custo global.

Você pode perceber que esse conceito não premia a concepção de logística reversa, mas, se incluirmos os aspectos desta, podemos transformar o conceito na seguinte definição: embalagem é o conjunto de recursos empregados para garantir as melhores condições, ao menor custo possível, para movimentar, armazenar, transportar, distribuir, vender e consumir produtos, preocupando-se sempre com a destinação final ou com o retorno de tais recursos aos processos que lhes deram origem.

Portanto, a embalagem deve sempre ser compreendida como um sistema que visa a objetivos diversos, dependendo da ótica organizacional, devendo sempre ser objeto de preocupação de todos os envolvidos, conforme a expressão *do berço ao túmulo*.

Para Moura e Banzato (1997), no que se refere à classificação das embalagens, existem diferentes formas de classificação, que podem ser: por funções, por finalidade, por forma de movimentação e pela utilidade.

Além disso, segundo Leite (2003), as embalagens podem ser divididas em:

» **Embalagens primárias ou contenedoras**: São as que estão em contato direto com o produto, com as quais os clientes têm contato no momento da utilização ou consumo do produto. Exemplo: uma garrafa plástica de 500 ml com água mineral.

» **Embalagens secundárias ou de comercialização**: Geralmente são utilizadas para reunir certo número de unidades de embalagens primárias, adaptando o produto à comercialização de seus múltiplos, ao transporte e à distribuição física. Exemplo: um fardo plástico com 12 garrafas de água mineral.

» **Embalagens terciárias ou unitizadoras**: São embalagens que reúnem múltiplos de embalagens secundárias para facilitar sua movimentação, armazenagem e transporte, quando da distribuição dos produtos. São utilizadas como embalagens unitizadoras os paletes ou estrados, *racks* especiais, caixas diversas (de materiais diversos), contêineres etc. Exemplo: palete com 20 fardos, com 12 garrafas de água mineral em cada fardo.

>>> Questões para reflexão

Você já observou entre os produtos que você consome quais são aqueles que utilizam embalagens retornáveis? Você dá preferência à compra de algum produto em razão da embalagem ser retornável? Independentemente de você comprar ou não em função da condição de as embalagens de determinados produtos serem retornáveis, você acredita que as embalagens retornáveis podem agregar valor aos produtos das empresas? Já pensou como isso pode acontecer?

Porém, o que interessa para esse enfoque é a questão das embalagens em relação aos aspectos que as classificam como *retornáveis* ou *não retornáveis*.

Uma **embalagem retornável** é aquela que, como o próprio nome indica, foi projetada para retornar ao processo produtivo que lhe deu origem ou, ainda, para algum ponto do seu canal de distribuição original. São embalagens feitas de materiais resistentes para possibilitar um número mínimo de vezes de retorno, para viabilizar economicamente esse processo reverso.

»» Para saber mais

ASSOCIAÇÃO BRASILEIRA DE EMBALAGEM. Disponível em: <http://www.abre.org.br>. Acesso em: 03 ago. 2009.

Esse é o *site* da Associação Brasileira de Embalagem, cujo objetivo é "criar oportunidades de incremento comercial e estimular o contínuo aprimoramento da embalagem brasileira". É uma ótima fonte de pesquisas.

Embora o nosso foco se dê nas embalagens retornáveis, na continuação iremos discorrer brevemente sobre as **embalagens não retornáveis**, que são as mais problemáticas para os sistemas logísticos reversos, uma vez que não possibilitam ganhos econômicos ou financeiros na quase absoluta maioria dos casos, apenas permitindo algum ganho de imagem, caso a empresa realize alguma ação de *marketing* associada à atividade logística reversa.

Em relação às embalagens não retornáveis, podemos acrescentar que são aquelas utilizadas em apenas um ciclo de distribuição direta e que, em alguns casos, podem ser reaproveitadas pelo destinatário. São embalagens feitas de madeira, papelão ondulado, sacos plásticos, sacos multifolhas de papel etc. São exatamente essas embalagens que geram mais problemas ambientais e ecológicos, uma vez que geralmente são destinadas a aterros sanitários inadequados ou simplesmente jogadas pelos consumidores ou usuários em esgotos a céu aberto. As embalagens não retornáveis são as que exigem maiores cuidados por parte das autoridades públicas no sentido de minimizar seu impacto ambiental, e, para a logística reversa, representam o **objeto da reciclagem**.

As **embalagens retornáveis**, por sua vez, – no âmbito da logística reversa – são aquelas que retornam à sua origem geralmente para reutilização nos processos de distribuição, apresentando um ciclo de vida mais longo. São exemplos de embalagens retornáveis:

as caixas metálicas, as caixas de madeira reforçada, os contenedores plásticos ou metálicos, os paletes, os *racks* (plataformas metálicas), os dispositivos especiais etc. e, ainda, as combinações desses materiais. Um exemplo de embalagem retornável pode ser visto na figura a seguir.

» **Figura 7:** Embalagem retornável de madeira (compensado) – Vicaixa.

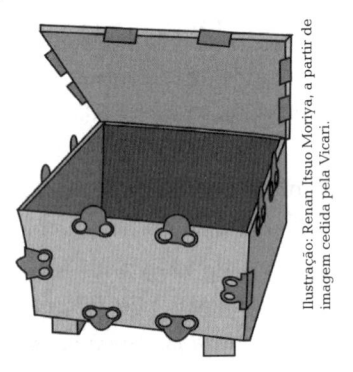

Ilustração: Renan Itsuo Moriya, a partir de imagem cedida pela Vicari.

Há uma série de aspectos que nos permitem identificar uma embalagem retornável. De acordo com Moura e Banzato (1997), esse tipo de embalagem apresenta as seguintes características:

» requer investimento e, portanto, capital adicional;
» ocupa o mesmo espaço quando vazia ou cheia ou, então, como opção mais prática, é desmontável ou colapsível;
» implica custo de transporte para retorno;
» requer controles de expedição e recebimento;
» exige documentação fiscal para seu transporte;
» requer manutenção e conservação constante;
» é obrigatório, por força de lei, que a empresa a identifique com seu nome e numeração sequencial, para fins de controle.

Como pudemos ver anteriormente, existem várias embalagens e contenedores retornáveis que podem ser utilizados nos sistemas logísticos, apesar de apresentarem um custo de posse significativamente mais elevado que das embalagens não retornáveis (*one way*). Porém, a relação custo-benefício é vantajosa às empresas à medida que o tempo de reuso dessas embalagens aumenta. Segundo Lacerda (2002), "quanto maior o número de vezes que se usa a embalagem retornável, menor o custo por viagem que tende a ficar menor que o custo da embalagem *one way*".

Portanto, o ideal é que as embalagens retornáveis possam ser colapsíveis (desmontáveis sobre si mesmas), de forma que reduzam os custos de armazenagem e de transporte, pelo menor espaço ocupado. Exemplos dessas embalagens podem ser vistos nas figuras a seguir.

» **Figura 8:** Contêiner retornável (plástico) colapsível – Unipac

Ilustração: Renan Itsuo Moriya, a partir de imagem cedida pela Unipac.

A Figura 8 apresenta um exemplo de caixa (contenedor) de plástico que é retornável e colapsível, enquanto que a Figura 9 apresenta outro exemplo de caixa colapsível, de madeira e papelão.

» **Figura 9:** Exemplo de embalagem colapsível (madeira) – Caixamática

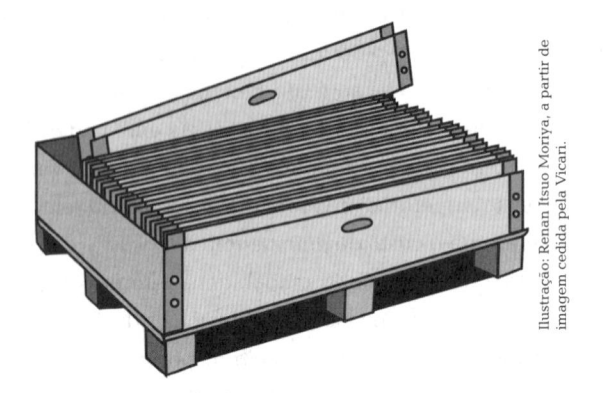

Ilustração: Renan Itsuo Moriya, a partir de imagem cedida pela Vican.

De forma resumida, as características consideradas necessárias ao desenvolvimento das embalagens retornáveis são as seguintes:

» **Facilidade de desmontagem:** As embalagens retornáveis devem ser fácil e rapidamente desmontáveis (colapsíveis), para garantir a necessária agilidade aos canais reversos.
» **Facilidade de transporte:** As dimensões (volume), peso e demais características devem ser desenhadas para facilitar as operações de transporte e, além disso, para minimizar os gastos com essa operação.
» **Facilidade de armazenagem:** É necessário que seu armazenamento seja facilitado, ocupando o mínimo espaço possível nas áreas de armazenagem.
» **Facilidade de manutenção:** Em algum momento, será necessária a manutenção nas embalagens retornáveis e, nesse caso, é preciso que estas sejam de fácil manutenção, para minimizar os custos da atividade.
» **Facilidade de identificação da origem:** Em razão da necessidade de atender a aspectos legais, muitas vezes é necessário

que se identifique a origem de determinada embalagem (a isso se chama *rastreabilidade*), para, se necessário, responsabilizar alguma empresa caso a embalagem cause danos ambientais (ou mesmo ao produto que esta venha a conter).

» **Conservação de suas propriedades originais**: É necessário, para a devida garantia de uma correta reutilização, que a embalagem mantenha intactas suas propriedades originais, mesmo após várias reutilizações.

» **Número de reutilizações possíveis**: Para viabilizar os ciclos reversos, sob o ponto de vista dos custos, é necessário que as embalagens retornáveis permitam um número relativamente elevado de reutilizações (acima de 15), sem perder suas propriedade originais.

Caso as empresas considerem os pontos destacados no desenvolvimento de suas embalagens, essas organizações certamente terão condições de apresentar competitividade maior que a daqueles concorrentes que não tomarem as mesmas precauções em relação às embalagens de seus produtos.

O texto a seguir apresenta um exemplo de desenvolvimento de embalagem retornável com foco em um determinado ramo de atividades (exportação), visando conferir alguma vantagem competitiva adicional aos produtos contidos pela embalagem.

⟫⟫ O exemplo da Unipac

A Unipac é uma empresa do Grupo Jacto, que atua no segmento de transformação de plásticos. Em seu parque industrial, realiza seis processos de transformação: sopro, injeção, injeção espumada estruturada, extrusão, termoformagem e rotomoldagem. Atende aos mercados automotivo, agropecuário, de consumo, logístico e embalagens industriais para os setores agroquímico, alimentício, fotoquímico, de limpeza, químico, entre outros.

No final de 2005, a empresa lançou um contêiner retornável colapsível, de plástico, voltado para substituição de embalagens de madeira, que são veículo de propagação de pragas florestais quarentenárias. Como as embalagens de madeira, por medida fitossanitária da Organização para Alimentação e Agricultura (FAO), da Organização das Nações Unidas (ONU) (Nimf n° 15, de março de 2002*), exigem tratamento e certificação fitossanitária através de dois processos: fumigação (forma de desinfecção) ou tratamento térmico. Tanto um quanto outro processo é realizado apenas por empresas credenciadas junto ao Ministério da Agricultura e adicionam custos aos processos de exportação.

A embalagem da Unipac, por ser colapsível, pode ser desmontada quando não está em uso e é composta de uma bandeja com tampa e manga arqueadas. Trata-se de uma embalagem que pode ser utilizada tanto no mercado interno quanto no externo. Porém, é principalmente voltada para o mercado externo pelo forte apelo ecológico que apresenta e, além disso, por não sofrer restrições nos países que exigem o retorno das embalagens aos seus países de origem.

Além disso, justamente pela necessidade de ser retornável, a Unipac buscou desenvolver a embalagem de forma a ocupar o mínimo espaço possível dentro dos contêineres. Houve a preocupação com as dimensões da embalagem em termos de largura, altura e comprimento para ocupar menos espaço nos contêineres.

A primeira experiência foi uma embalagem desenvolvida para atender às necessidades da empresa Volvo, para acondicionar, transportar e exportar os dutos para o sistema de entrada de ar das cabines dos caminhões pesados, produzidos no Brasil e exportados para países da Europa. Segundo o gerente comercial da Unipac, Paulo Tulim, "este conceito de embalagens plásticas colapsíveis contribui significativamente com a redução de custos e proporciona

---

* "A Norma Internacional de Medida Fitossanitária (Nimf n° 15), editada pela FAO em março de 2002, estabelece diretrizes para a certificação fitossanitária de embalagens, suportes e material de acomodação confeccionados em madeira e utilizados no comércio internacional para o acondicionamento de mercadorias de qualquer natureza" (Agrimec, 2009).

benefícios como otimização de espaço. Para se ter uma ideia, neste caso da Volvo, de cada sete contêineres que são exportados, apenas um volta com as embalagens", o que demonstra a importância das embalagens serem colapsíveis, contribuindo com a redução dos custos de transporte e armazenagem.

Portanto, o contêiner retornável atende a todo tipo de mercado, sendo indicado para o acondicionamento e transporte de produtos de baixa sob medida para o produto do cliente, de acordo com as dimensões da peça, do caminhão e do contêiner que transportará o produto. Temos condições de apresentar aos clientes a solução completa na *Supply Chain*", ressalta Tulim.

A Unipac apresenta *know-how* para desenvolver bandejas especiais exclusivas para o contêiner retornável. As bandejas são próprias para indústrias que precisam transportar peças juntas, mas sem o contato umas com as outras, principalmente itens usinados com precisão, peças pintadas, que não podem riscar, tocar ou bater. "As bandejas são exclusivas e confeccionadas a partir de uma amostra ou desenho fornecido pelo cliente, para que a acomodação da peça seja na medida exata", explica Tulim. "Suas dimensões variam de acordo com o tamanho, peso e número de peças a ser transportada".

Na maioria dos casos, as bandejas são utilizadas em conjunto com paletes e caixas plásticas, itens que fazem parte do universo de soluções desenvolvidas pela Unipac. "A bandeja que produzimos pode, por exemplo, ser utilizada juntamente com a Caixamóbil – também conhecida como caixa colapsível, pois pode ser desmontada quando não há necessidade de uso. Podemos projetar e fabricar outros tipos de separadores, colmeias, lonas divisórias e outras caixas plásticas, mas cada caso é estudado minuciosamente, sempre em parceria com o cliente".

Fonte: Unipac, 2007.

Como é possível perceber, as embalagens são desenvolvidas sempre com um determinado objetivo e, geralmente, com preocupações em termos dos custos que podem apresentar, tanto no uso quanto no seu reuso.

❱❱ Embalagens de agrotóxicos

Se quisermos fazer uma avaliação da importância da logística reversa no que se refere às embalagens e aos cuidados com o meio ambiente, basta considerarmos que, conforme informações publicadas por Rangel (2009), o total de resíduos sólidos despejados no meio ambiente chegam, no Brasil, a 150 toneladas por dia. E o que é mais grave, desses resíduos são aproveitados para a reciclagem somente 6% de seu contingente. Diante dessa situação, você há de concordar que esse é um verdadeiro desafio que terá de ser necessariamente enfrentado, por todas as razões que já vimos, e, principalmente, se quisermos um meio ambiente saudável. Ainda de acordo com informações do artigo anteriormente citado, "Cerca de 55% dos resíduos vão para lixões, contaminando o solo. Apenas 39% são corretamente encaminhados para aterros sanitários". Atente para o seguinte detalhe: os resíduos vão para **aterros sanitários**, o que é diferente de serem **reciclados**. É nesse sentido que a coleta seletiva devidamente realizada, ou seja, elaborada dentro de parâmetros logísticos, tende a fazer a diferença.

Embora a situação geral da forma como são tratadas as embalagens em desuso ainda seja altamente insatisfatória, um setor se destaca, pois, como diz o articulista Bley Jr. (2009), "Já existe no Brasil um programa de coleta e reciclagem de embalagens de agrotóxicos, sustentado pelas indústrias em parceria com produtores rurais. É uma boa referência de viabilidade técnica, ambiental e econômica, a ser seguida por todos os setores produtores e usuários de **embalagens**" [grifo nosso].

Entre os fatores determinantes para que isso tenha acontecido estão a Lei nº 9.974/2000 e o Decreto nº 4.074/2002* (acrescido em 2009 de dispositivos do Decreto nº 6.913/2009**). Destaca-se, entre as exigências da lei e do decreto, o previsto no Decreto nº 4.074/2002 que determina que o trabalhador do campo deverá dar um destino conveniente aos recipientes de agrotóxicos. Ressaltando que o descuprimento desta orientação poderá acarretar pena de dois a quatro anos de prisão, além do pagamento de multa.

Já entre os dispositivos do Decreto nº 6.913/2009, há um importante fator que agrega valor aos cuidados com as embalagens dos produtos usados no campo. Principalmente o previsto no art. 10 em combinação com o Anexo II, item 24. No qual ficou disposto que:

> *Para obter o registro ou a reavaliação de registro de produto fitossanitário com uso aprovado na agricultura orgânica, o interessado deve apresentar, em prazo não superior a cinco dias úteis, a contar da data da primeira protocolização do pedido, a cada um dos órgãos responsáveis pelos setores de agricultura, saúde e meio ambiente, requerimento em duas vias, conforme Anexo II, itens 1 a 11 e 24.*
> *[...]*
> *Item 24 – Anexos: PRODUTOS FITOSSANITÁRIOS COM USO APROVADO PARA A AGRICULTURA ORGÂNICA*
> *[...]*

---

* Para acessar esse decreto na íntegra, acesse: <http://www.planalto.gov.br/ccivil_03/decreto/2002/D4074.htm>.

** Para acessar esse decreto na íntegra, acesse: <http://www.planalto.gov.br/ccivil_03/_Ato2007-2010/2009/Decreto/D6913.htm>.

Procedimentos para descontaminação de embalagens e equipamentos de aplicação;
Sistema de recolhimento e destinação final de embalagens e restos de produtos;
[...]

Como podemos observar, a legislação foi específica em relação às embalagens no que se refere a produtos químicos usados no campo. Isso fez com que, nos anos imediatos a 2000 e 2002, tenha ocorrido uma campanha de divulgação de informações para os agricultores, os quais estavam habituados, como diz Fávaro (2002), a "abrir um buraco no chão de sua propriedade, jogar as embalagens de agrotóxicos vazias dentro dele e livrar-se desses recipientes ao cobri-los com a terra".

Nesse processo de orientação aos agricultores se destaca o papel do Instituto Nacional de Processamento de Embalagens Vazias (Inpev)*, a Associação Nacional de Defesa Vegetal (Andef) e a Associação de Engenheiros Agrônomos do Estado de São Paulo (Aeasp).

A destinação das embalagens em desuso ou vazias, usadas para a venda de agrotóxicos, é um bom exemplo de aplicabilidade da logística reversa. Dizemos isso, pois é uma situação na qual o processo só funciona se realmente houver uma definição logística com a participação de todos os envolvidos nos vários estágios do percurso das embalagens: os fabricantes, os canais de distribuição e os usuários. Além desses, os agentes responsáveis pelo licenciamento, fiscalização e monitoramento das ações de uso e/ou manuseio, transporte, recepção e/ou armazenamento e processamento das embalagens também são igualmente responsáveis e influenciam o resultado da dinâmica desse ciclo operacional.

---

* Criado por fabricantes de defensivos agrícolas e órgãos de proteção ao meio ambiente.

Um aspecto que devemos destacar é que entre as embalagens utilizadas nessa atividade temos aquelas que são laváveis e outras que são as não laváveis. Logo, os procedimentos são distintos em relação a esses dois tipos de recipientes.

» **Embalagens laváveis** apresentam como característica serem "rígidas (plásticas, metálicas e de vidro) que acondicionam formulações líquidas de agrotóxicos para serem diluídas em água (de acordo com a norma técnica NBR-13.968) (Andef, 2009).

» **Embalagens não laváveis** caracterizam-se por serem flexíveis; bem como aquelas, que, embora rígidas, se diferenciam por não utilizarem "água como veículo de pulverização. Incluem-se nesta definição as embalagens secundárias não contaminadas rígidas ou flexíveis" (Andef, 2009).

Nesse processo de não contaminação do meio ambiente (natural e humano), cabe ao usuário preparar as embalagens para devolvê-las ao fabricante do produto dentro das normas estabelecidas, observando determinados cuidados e prazos. Aos canais de distribuição compete providenciar unidades de recebimento para a devolução das embalagens vazias, também dentro dos princípios que estabelece a lei, enquanto que ao fabricante cabe o recolhimento e a destinação final das embalagens, bem como, além de cumprir todas as normas estabelecidas por lei, realizar campanhas educativas relacionadas ao manejo de embalagens usadas.

De forma resumida, podemos dizer que o cenário para levar a bom termo a destinação dada às embalagens usadas para agrotóxicos compõe-se de **responsabilidades** e **conhecimentos**.

››› Para saber mais

Andef – Associação Nacional de Defesa Vegetal. Disponível em: <http://www.andef.com.br/dest_final/>. Acesso em: 06 out. 2009.

Nesse *site*, você encontra um passo a passo, o qual atende ao que está disposto na lei, do manuseio das embalagens no ambiente agrícola, extremamente útil para quem trabalha em canais de distribuição e no âmbito de uso dos agrotóxicos, com orientações, entre outras, relacionadas à destinação final das embalagens.

❯❯ A logística reversa e as questões ambientais

Você pode perguntar: "O que justifica a ênfase que damos ao estudo da logística reversa e das questões ambientais?". O fato é que, como já falamos, vivemos um momento em que as pessoas começam a pensar mais sobre o que consomem e como consomem. As pessoas estão modificando seus hábitos de consumo em razão de perceberem a necessidade dessa mudança para a consequente preservação do planeta Terra.

Isso significa que os indivíduos devem repensar a forma como consomem e suas condutas, tais como a prática da reutilização dos produtos e/ou embalagens até o final de sua vida útil, cuidando com o destino final dos resíduos pós-consumo. No entanto, não devemos nos enganar – sem uma participação efetiva das organizações empresariais e públicas, não será possível modificarmos o quadro atual e, consequentemente, os efeitos serão danosos para toda a vida no planeta.

Afirmamos tal fato, pois o que observamos é que somente o engajamento dos consumidores não será suficiente para provocar grandes mudanças no meio ambiente como um todo, uma vez que os principais poluidores são as organizações empresariais, ou seja, são as organizações provedoras de todos os produtos adquiridos por esses mesmos consumidores.

Diante desse cenário, ocorrem mudanças relacionadas a vários produtos, como nos modelos de carros colocados no mercado para atender à preferência dos consumidores, nas lâmpadas utilizadas nos ambientes domésticos e na organização destes, nas roupas da moda, nos papéis usados para impressão de arquivos etc.

É essencial, portanto, o comprometimento das organizações para a redução dos impactos ambientais. Se os consumidores mudam, as organizações reagem, oferecendo a eles o que desejam. Porém, é preciso mais do que simplesmente modificar os hábitos de consumo. Na verdade, o consumo se reflete diretamente sobre a utilização de energia nos processos de produção, fato que possui, de alguma forma, impacto direto sobre o meio ambiente. Assim, é necessário que o consumo seja mais racional, mais consciente, o que sugere, como consequência, exigir menor demanda de energia nos processos produtivos. Além disso, as organizações podem adotar conceitos de logística reversa e consumo reduzido que, por sua vez, também contribuirão para que a demanda energética seja menor.

Assim, havendo uma maior consciência empresarial e individual no sentido de modificar padrões de consumo, certamente isso gerará um ciclo virtuoso, beneficiando a todos os envolvidos.

Esta abordagem pretende demonstrar que os sistemas logísticos, assim como os demais sistemas organizacionais, adaptam-se ao meio no qual estão inseridos, em uma reação natural às exigências dos seus consumidores. Com isso, se os clientes mudarem seu foco para as exigências ambientais, será essa a preocupação a direcionar a evolução dos sistemas logísticos. Tendo-se isso em vista, as organizações que se anteciparem a essas exigências e mudanças dos consumidores provavelmente estarão à frente de seus concorrentes e, com isso, obterão vantagens competitivas.

Nessa condição de redirecionamento das esferas da missão e visão das organizações privadas e governamentais, a logística reversa certamente tem espaço de contribuição significativa. Atualmente, já observamos esse efeito em vários setores no Brasil. Setores estes que abrangem um amplo espectro de atuação, como o da construção civil, das soluções para a destinação de pneus em desuso, da reciclagem dos plásticos, das embalagens em geral, entre outros, apenas para citar os setores mais abrangentes e divulgados.

» Síntese

No início deste capítulo, aprendemos que o gerenciamento dos canais logísticos reversos é o conjunto de atividades desenvolvidas por uma organização na coleta de seus produtos usados, danificados ou ultrapassados, bem como as embalagens e/ou outros resíduos finais gerados pelo uso ou consumo de seus produtos. Compreendemos que, além das questões ambientais, as razões econômicas também justificam a implantação de programas de gerenciamento de canais logísticos reversos.

Aprendemos também que os bens podem ser classificados em função de seu uso ou consumo e da sua durabilidade. No que tange à classificação baseada no consumo, os produtos podem dividir-se, por sua vez, em produtos de conveniência, de compra comparada e de especialidade. Por outro lado, no que diz respeito à sua durabilidade, os produtos podem ser divididos em duráveis, semiduráveis ou não duráveis. Essa classificação é importante e necessária para se desenhar canais reversos e estabelecer critérios para o gerenciamento desses canais.

Também vimos que os canais reversos podem ser estabelecidos com base na classificação dos produtos, para gerar maiores ganhos à organização, seja em termos de redução de custos, seja pela melhor percepção que o cliente passa a ter da organização.

Na sequência, vimos o conceito de Administração da Recuperação de Produtos (PRM – da sigla em inglês), que consiste no gerenciamento de todos os produtos, seus componentes e todos os materiais usados e descartados relacionados ao produto, pelos quais uma organização fabricante se responsabiliza por questões legais, contratos ou quaisquer outras razões. Vimos que os diferentes tipos de opções para o PRM (reparo, renovação, remanufatura, canibalização ou reciclagem) implicam diferentes níveis de desmontagem e de exigências de qualidade, bem como apresentam diferentes resultados. Também vimos que o PRM exige um elevado grau de colaboração entre os membros das cadeias de suprimento.

Na continuação, compreendemos a relação entre a logística reversa e a reciclagem, bem como a importância da reciclagem para a preservação dos recursos naturais (diminuindo custos com aquisição de matérias-primas caras e/ou escassas), além das diferentes etapas pelas quais um bem passa para ser reciclado, iniciando-se com o recolhimento dos materiais (coleta), prosseguindo para a separação destes para a verificação do que pode ser revalorizado e/ou reutilizado e, na sequência, a revalorização ou reutilização dos materiais e, por fim, a transformação em algo novo ou diferente.

Finalizamos o capítulo apresentando o papel da embalagem para os sistemas logísticos. Vimos que as embalagens são fundamentais para garantir a utilidade de uso aos produtos, por garantir sua integridade física até o momento da utilização ou consumo do produto. Porém, as embalagens são um dos principais problemas para os sistemas logísticos reversos. Assim, a preferência tem recaído sobre o uso de embalagens retornáveis.

❯❯ Questões para revisão

1) Qual o critério mais relevante para a classificação dos bens, sob a ótica da logística reversa? Por quê?
2) O que é PRM? Como a logística reversa se "encaixa" nesse conceito?

3) O que é reciclagem? Qual sua relação com a logística reversa?
4) Como os sistemas logísticos reversos podem tratar as embalagens descartáveis, sob o ponto de vista dos custos?
5) O que são embalagens retornáveis? Qual sua utilidade e significância para os sistemas logísticos?

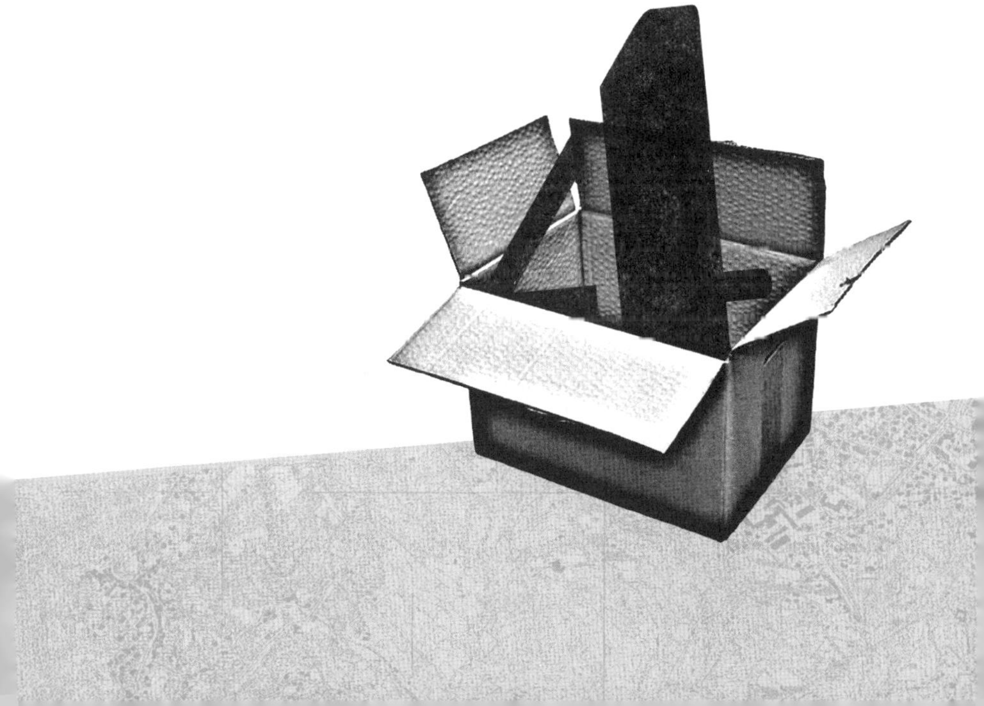

A LOGÍSTICA REVERSA E A CONSTRUÇÃO CIVIL

》》 Conteúdos do capítulo

» as responsabilidades e deveres dos geradores de resíduos;
» as ferramentas de mitigação e reversão dos danos e impactos ambientais causados pela construção civil;
» as estratégias de desenvolvimento sustentável.

》》 Após o estudo deste capítulo, você será capaz de:

» conhecer a legislação que regulamenta os procedimentos para a gestão do resíduos sólidos;
» administrar o manuseio ecológico dos entulhos;
» identificar e aplicar técnicas de reciclagem na área de construção civil.

Cuidar do meio ambiente é uma obrigação de todos, principalmente de pequenos e grandes geradores de resíduos. Na construção civil ou na edificação de obras (pequenas ou grandes), podemos observar que existe a geração de resíduos e, muitas vezes, estes são destinados a locais inadequados ou abandonados próximos a corpos hídricos e estradas rurais, entre outros locais. Esses resíduos, quando dispostos inadequadamente, provocam uma série de problemas ao meio ambiente. O meio empresarial parece preocupado com essa questão e, por força da lei, vem buscando alternativas para a destinação adequada dos resíduos. A base é a reinserção dos produtos em um processo reverso.

A resolução do Conama nº 307, de 5 de julho de 2002[*], define as responsabilidades e os deveres de cada município no sentido de licenciar as áreas para disposição final de resíduos da construção civil. Para isso, os municípios devem implementar o Plano Integrado de Gerenciamento de Resíduos da Construção Civil, semelhante ao Plano de Gerenciamento de Resíduos Sólidos (PGRS). A referida resolução abre caminho para que os setores públicos e privados possam, juntos, prover os meios adequados para o manejo e disposição desses resíduos.

Estima-se que a construção civil seja responsável por até 50% do uso de recursos naturais na sociedade, dependendo da tecnologia utilizada.

Os restos ou entulhos sólidos que são despejados na natureza possuem diversas características físicas, ou poderíamos dizer *formatos*, os quais resultam dos processos que os geraram. Dentre esses entulhos, encontram-se aqueles cujas dimensões e geometria são característicos dos materiais de construção. Muitas vezes encontramos pedaços de madeira, argamassa, concreto, plástico, metais, entre outros tipos de resíduos que aparecem em áreas e

[*] Para ver essa resolução na íntegra, acesse: <http://www.mma.gov.br/port/conama/res/res02/res30702.html>.

tempos diferentes, que correspondem aos distintos períodos da atividade de construções de obras, momento em que frequentemente ocorre a mistura nos equipamentos de transporte de entulho.

Podemos observar em frente a construções, sejam novas, sejam reformas, as caçambas de coleta dos resíduos que deveriam servir justamente para separar os entulhos das construções, mas que, no entanto, recebem restos de alimentação depositados por vizinhos das obras. Por outro lado, ocorre que resíduos das caçambas são levados para o mesmo local onde se deposita o lixo doméstico. Quer dizer, tudo é despejado no mesmo terreno, o que aumenta a dificuldade da reciclagem.

O gerenciamento correto dos resíduos da construção civil, a reutilização, a reinserção e a reciclagem propiciarão o processo de desenvolvimento e a preservação ambiental. Qualquer obra da construção civil, seja uma casa, seja um prédio, independentemente do tamanho da obra, causa impactos ambientais. O ideal é mitigar esse impacto, minimizá-lo. Nesse contexto, o processo de reversão, isto é, da logística reversa, atua como ferramenta para evitar a degradação do meio ambiente e para construir um modelo ideal de desenvolvimento. Isso é o que se chama de *desenvolvimento sustentável*.

❯❯ Entulho

Mas, afinal, o que é entulho? O entulho é o conjunto de fragmentos ou restos da construção civil, provenientes de reformas ou da demolição de estruturas (prédios, residencias). Na formação do entulho entram os restos de grande variedade de materiais de construção, possivelmente todos aqueles utilizados pela indústria da construção civil. Entre eles: tintas, tijolos, pedras, pedra brita, plásticos, papéis, metais, madeiras, materiais cerâmicos, argamassas e areia.

Vamos fazer uma relação de algumas possibilidades de elementos que entram na composição do entulho.

» **Concreto**: O concreto é uma mistura de quatro componentes básicos: cimento, pedra, areia e água. Existem três tipos de concreto:

> » **Concreto simples**: Formado pelos quatro componentes já citados, tem grande resistência aos esforços de compressão e baixa resistência aos esforços de tração.
>
> » **Concreto armado**: É composto de armadura, isto é, formado por vigas de ferro e/ou aço que propiciam uma elevada resistência tanto aos esforços de tração como aos esforços de compressão.
>
> » **Concreto magro**: Feito de cimento, areia, pedra brita e água, este é o tipo de concreto mais econômico, porém somente deve ser usado em partes da construção que não exijam muita resistência e impermeabilidade.

Nesse contexto, vamos transcrever um trecho do *"Site Engenharia.com.br"*, que nos fornece informações precisas sobre alguns componentes do concreto e sobre como deve ser o manuseio de tais componentes.

»» Componentes

Cimento

As matérias-primas do cimento são calcário, argila, gesso e outros materiais. Existem diferentes tipos de cimento, de acordo com a composição. Cada tipo tem o nome e a sigla correspondente estampada na embalagem, para facilitar a identificação.

O cimento pode ser armazenado por cerca de três meses, desde que o local seja fechado, coberto e seco. Além disso, o cimento deve ser estocado sobre estrados de madeira e em pilhas de dez sacos, no máximo.

Pedra

A pedra utilizada no concreto pode ser de dois tipos: os seixos rolados, cascalho ou pedregulhos – são encontrados na natureza; e a pedra britada – é obtida pela britagem mecânica de determinadas rochas duras.

Independente da origem, o tamanho das pedras varia muito e tem influência na qualidade do concreto. Por isso, as pedras são classificadas por tamanhos medidos em peneiras (pela abertura da malha).

Areia

A areia utilizada no concreto é obtida em leitos e margens de rios ou em portos e bancos de areia. A areia deve ter grãos duros. E também precisa estar limpa e livre de torrões de barro, galhos, folhas e raízes antes de ser usada.

As Normas Técnicas Brasileiras classificam a areia segundo o tamanho de seus grãos: muito fina, fina média e grossa.

Água

A água a ser utilizada no concreto deve ser limpa, sem barro, óleo, galhos, folhas e raízes. Nunca deve ser usada água de esgoto humano ou animal, de cozinha, de fábricas ou contaminadas no preparo do concreto.

Armadura

A armadura é composta de barras de aço, também chamada de ferro de construção ou vergalhões. Eles têm a propriedade de se integrar ao concreto e de apresentar elevada resistência à tração. Por isso, são colocados nas partes da peça de concreto que vão sofrer esse esforço.

Fonte: Site Engenharia.com.br, 2007.

» Gestão de resíduos

Quando falamos de gestão dos resíduos da construção civil, não estamos tratando apenas de economizar, mas sim de reverter o processo e criar uma política de gestão ambiental, em um processo reverso.

É importante que a gestão do processo produtivo seja implantada nesse setor, diminuindo a geração dos resíduos sólidos e gerenciando-os corretamente no canteiro de obras, partindo da conscientização e da sensibilização dos agentes envolvidos e criando uma metodologia própria para cada empresa.

Entre as diretrizes a serem alcançadas pelo setor, segundo o Grupo de Gerenciamento de Resíduos Sólidos da Construção Civil do Sinduscon-MG (2007), preferencialmente e em ordem de prioridades, é preciso:

» reduzir desperdícios e volume de resíduos gerados;
» segregar os resíduos por classes e tipos;
» reutilizar materiais, elementos e componentes que não requisitem transformações;
» reciclar os resíduos, transformando-os em matéria-prima para a produção de novos produtos.

Quando observamos as atividades de construção civil, os entulhos e os desperdícios que comumente ocorrem em contraste com a diminuição de matéria-prima disponível como, por exemplo, a madeira, podemos perceber que é óbvia a necessidade de os construtores levarem a sério esses quatro itens apontados pelo Sinduscon de Minas Gerais.

Aliado a essas diretrizes, encontramos os parâmetros de classificação dos resíduos da construção civil estabelecidos pela Resolução nº 307/2002 do Conama (Brasil, 2003). Os quais determinam que:

> *Art. 10. Os resíduos da construção civil deverão ser destinados das seguintes formas:*
> *I – Classe A: deverão ser reutilizados ou reciclados na forma de agregados, ou encaminhados a áreas de aterro de resíduos da construção civil, sendo dispostos de modo a permitir a sua utilização ou reciclagem futura;*
> *II – Classe B: deverão ser reutilizados, reciclados ou encaminhados a áreas de armazenamento temporário, sendo dispostos de modo a permitir a sua utilização ou reciclagem futura;*
> *III – Classe C: deverão ser armazenados, transportados e destinados em conformidade com as normas técnicas específicas.*
> *IV – Classe D: deverão ser armazenados, transportados, reutilizados e destinados em conformidade com as normas técnicas específicas.*

Para melhor entendimento do art. 10, vejamos o que dispõe o art. 3º dessa mesma resolução, sobre que tipo de material cada classe representa:

> *[...]*
> *I – Classe A – são os resíduos reutilizáveis ou recicláveis como agregados, tais como:*
> *a) de construção, demolição, reformas e reparos de pavimentação e de outras*

obras de infraestrutura, inclusive solos provenientes de terraplenagem;
b) de construção, demolição, reformas e reparos de edificações: componentes cerâmicos (tijolos, blocos, telhas, placas de revestimento etc.), argamassa e concreto;
c) de processo de fabricação e/ou demolição de peças pré-moldadas em concreto (blocos, tubos, meios-fios etc.) produzidas nos canteiros de obras;
II – Classe B – são os resíduos recicláveis para outras destinações, tais como: plásticos, papel/papelão, metais, vidros, madeiras e outros;
III – Classe C – são os resíduos para os quais não foram desenvolvidas tecnologias ou aplicações economicamente viáveis que permitam a sua reciclagem/recuperação, tais como os produtos oriundos do gesso;
IV – Classe D – são os resíduos perigosos oriundos do processo de construção, tais como: tintas, solventes, óleos e outros, ou aqueles contaminados oriundos de demolições, reformas e reparos de clínicas radiológicas, instalações industriais e outros.

Se avaliarmos de forma conjunta o que dizem as diretrizes do Sinduscon com o que estabelece a resolução do Conama, teremos um traçado de uma forma adequada de atuação no controle dos impactos ecológicos e da utilização a logística reversa como instrumento de gestão ambiental.

Nesse processo, é importante que você observe que são inúmeras as vantagens da redução da geração de resíduos. Dentre elas, destacam-se:

» diminuição do custo de produção;
» diminuição da quantidade de recursos naturais e energia a serem gastos;
» diminuição da contaminação do meio ambiente;
» diminuição dos gastos com a gestão dos resíduos.

»» Questões para reflexão

Você concorda que as legislações aqui apresentadas atendem a essa necessidade? Considera tal iniciativa realmente necessária?

Vamos analisar a seguinte situação: a quantidade de entulho produzido nas construções que são realizadas nas cidades brasileiras. Estas representam um enorme desperdício de material. Vejamos e façamos uma leitura crítica da tabela a seguir, que apresenta dados referentes ao ano de 2001.

»» Tabela 1: Estimativa da quantidade de entulho gerado

São Paulo	372.000 t/mês
Belo Horizonte	102.000 t/mês
Brasília	85.000 t/mês
Curitiba	74.000 t/mês

Fonte: Adaptado de Zordan, 2009.

Devemos ainda considerar que do ano 2001 até a atualidade esse montante só aumentou. Podemos dizer: "É um desperdício das construtoras; são elas que pagarão o preço por isso ou os proprietários é que pagarão pelos valores altos dos imóveis!" Não é isso o que acontece. Os custos de tal desperdício são distribuídos para todos nós, para toda a sociedade, para as gerações presentes e futuras, inclusive os custos de remoção e de tratamento dos entulhos.

Mas, vejamos o que normalmente acontece quando temos uma construção e o respectivo acúmulo de entulhos:

» inúmeras vezes, o entulho é retirado e disposto de forma clandestina em locais como ruas de periferia, margens de rios, riachos, nascente, terrenos baldios, entre outros;
» as prefeituras são oneradas com os processos de remoção e tratamento desses entulhos.

»» Questão para reflexão

Você já parou para pensar e observar os impactos ambientais da má disposição desse tipo de resíduo?

É impossível calcular as consequências geradas pela degradação da qualidade de vida urbana. As enchentes, a proliferação de vetores de doenças, entre outros danos, são reflexos diretos ou indiretos da produção sem controle e da má destinação dos entulhos.

Diante de todas essas consequências, no caso do entulho, assim como para outras formas de resíduos urbanos, consideramos que o ideal é diminuir o volume e reciclar a maior quantidade possível do que for produzido.

》》 O reaproveitamento

Reaproveitar os resíduos por meio da reutilização e da reciclagem são maneiras de combater o desperdício (redução do volume) e também são alternativas economicamente positivas. Segundo o programa Desperdício Zero, da Secretaria do Estado do Meio Ambiente e Recursos Hídricos (Sema), na Europa e nos EUA, a prática de reciclagem do entulho já está consolidada (a Holanda recicla 95% do entulho advindo da construção civil).

No entanto, no Brasil, segundo o programa Desperdício Zero (Paraná, 2009c), o entulho normalmente só é utilizado para a criação de aterros e para a manutenção de estradas de terra.

O que é lamentável, pois, de acordo com Pinto (1994), os principais objetivos dos programas de reciclagem são:

» melhorar o meio ambiente por meio da redução do número de áreas de depósitos clandestinos, o que resultará em uma diminuição dos gastos da administração pública com gerenciamento de entulho;
» aumento da vida útil de aterros por uma disposição dos resíduos, que podem ser utilizados futuramente;
» aumento da vida útil das jazidas de matéria-prima, na medida em que são trocadas por materiais reciclados;
» materiais de construção reciclados de baixo custo e excelente desempenho sendo produzidos.

Para termos uma melhor noção sobre esse último objetivo, veremos, na sequência, exemplos de reciclagem de material de construção: entulhos.

Reciclagem de entulhos

Como fazer a reciclagem na área de construção civil? Consideramos que nessa atividade a reciclagem ocorre a partir de duas possibilidades ou situações:

» **Uso de resíduos de outras indústrias**: Siderúrgica e metalúrgica, entre outras.
» **Transformação dos resíduos de obras e demolições**: Criação de novos materiais de construção.

Nessas situações, para reciclarmos entulhos, devemos proceder da seguinte maneira:

» precisamos fazer primeiramente uma triagem das frações inorgânicas e não metálicas do resíduo, processo no qual devemos excluir tudo que for de plástico, madeira e metal, que deverão ser utilizados para outros fins;
» em seguida, devemos britar ou quebrar em partículas menores esse material para assim obtermos o agregado reciclado dos resíduos.

Por que é importante utilizar esse método? Aplicando esse método aos resíduos, poderemos identificar qual a sua composição e, assim, saber quais os compostos que podem ser extraídos dele, além de poder analisar qual é a planta industrial mais adequada para a reciclagem e a melhor alternativa de aproveitamento desses resíduos.

Mediante tantos discursos sobre desenvolvimento sustentável, vamos agora apresentar dois exemplos:

››› Casa ecológica

[Trata-se de] uma casa ecologicamente saudável, economicamente viável e que responda às necessidades básicas de seus habitantes, integrando tecnologias modernas a velhos conhecimentos, com o máximo possível de conexão com o ambiente e menos impacto possível.

A casa deverá possuir alguns detalhes básicos, tais como:

» dispor as janelas de forma que se aproveite a luz ambiente;
» reduzir e gerenciar os resíduos gerados;
» aproveitar a água das chuvas e também reutilizar as águas da pia com a utilização de filtros.

Qual o diferencial das casas? Por que "casas ecológicas"? Nas ecovilas, temos:

a. edificações (casas) autônomas de baixo consumo energético. São casas solares, voltadas para o norte, com paredes duplas, vidros duplos, dutos de ventilação e de convecção do ar da lareira para um maior conforto térmico; sistema de energia solar somado ao aquecimento a gás e serpentinas ligadas a lareira para aquecimento de água;
b. infraestrutura ecológica: poço artesiano, reuso das águas e cinzas, baixo índice de ocupação com maximização de jardins, preservação de áreas verdes e minimização de ruas;
c. paisagismo produtivo: espirais de ervas e temperos, hortas mandalas e outros, que, além da ornamentação, produzem alimentos saudáveis para o consumo das famílias, compensando o custo das equipes de manutenção e segurança, o que chamamos de jardineiros produtivos protetores.

Fonte: Arcoo, 2007; Ipema, 2007.

>>> Questão para reflexão

Você considera, após as situações e considerações apresentadas, possível construir no Brasil casas e edifícios "ecológicos", com projetos personalizados, usando sistemas e materiais alternativos?

Sugerimos essa reflexão, pois, com esse tipo de construção é possível, entre outros fatores:

» reduzir em até 60% o volume de entulho retirado de uma obra;
» diminuir em torno de 80% o volume de águas pluviais destinadas ao sistema público;
» reduzir também, em torno de 50%, a quantidade de esgoto despejado no sistema coletivo.

Além desses fatos pontuais, as construções ecológicas podem colaborar com o aumento de até 80% da área do terreno em área verde para a cidade. Isso se considerarmos soluções paisagísticas que temos hoje no mercado, como, por exemplo, tetos-jardim; inclusive, já existem *paredes* com jardins.

»» Casas à base de plástico

Sistema integrado de casas populares construídas à base de plástico, chamado de *madeira sintética*, sobre as quais é possível instalar verdadeiros jardins ou hortas hidropônicas, criando bairros e cidades verdes. O material é produzido através de uma máquina, desenvolvida a partir de experimentos belgas, que permite reaproveitar integralmente todo tipo de plástico. A máquina criada mói o plástico, que é prensado e vira matéria-prima para fabricação de tijolos e barras de plástico duro. Após esse processo, basta juntar as peças, como se fossem brinquedos de montar gigantes. As paredes são duplas, com um colchão de ar no meio, o que evita aquecimento excessivo no ambiente interno. Já o teto é feito com embalagens tipo TetraPak, comuns em [embalagens de] leite e sucos. Outros produtos, como embalagens metalizadas e EPS (isopor), também são usados no processo. A residência reciclada é resistente ao fogo e a cupins e permite a colocação de azulejos. [...] Com o uso de garrafas PET e redes, seria possível fazer hortas de hidroponia utilizando água da chuva, que realimentaria o sistema. Por consequência, resfriaria as casas e diminuiria o problema das enchentes.

[...]

Para construir cada residência, são necessárias 5 toneladas de plástico. Em média, o brasileiro produz de 4 a 5 quilos de plástico por mês. Com esses dados, em todo o Brasil, seria possível construir mensalmente mais de 100 mil casas.

Fonte: Crea-RS, 2004.

⟫ Para saber mais

Como outro exemplo de proteção ao meio ambiente e desenvolvimento, temos a "ecotelha". Para melhor avaliar a gama de possibilidades do uso do "ecotelhado", acesse a página do fabricante: ECOTELHADO: conforto térmico. Disponível em: <http://ecotelhado.com.br>. Acesso em: 30 jul. 2009.

Reciclagem na produção de tijolos

Quando nos referimos à reciclagem de tijolos, estamos falando do aproveitamento do lixo industrial para fabricar um tipo muito específico de tijolos, os chamados *tijolos ecológicos*. Conforme o documento produzido pela Sema (Paraná, 2009c), o processo de fabricação é de baixo custo, e sua vantagem se estende em outros aspectos: esse tipo de tijolo pode substituir parcialmente o cimento, bastando transformá-lo em pó. Outro exemplo de reciclagem de tijolo é o que se produz a partir de tipos de solo com cimento e água. Dessa mistura se fabrica um tijolo que não precisa de forno, evitando-se assim a queima do carvão e, consequentemente, a emissão de poluentes e o desmatamento. Outra grande vantagem dos tijolos ecológicos é que eles possuem o dobro de resistência, quando comparados ao tijolo comum

❯❯❯ Prejuízos da não reciclagem

De acordo com Corcuera Cavalcanti (2007), a deposição dos resíduos de construção na malha urbana ocasiona uma série de custos ambientais, se feita descontroladamente, entre as quais podemos citar:

» montes de entulho, que agregam lixo e se tornam abrigo de vetores transmissores de doenças (ratos, baratas, moscas, mosquitos) e de animais peçonhentos (cobras, escorpiões);
» entulho nas vias públicas e córregos, que afeta a drenagem e a estabilidade das encostas;
» degradação da paisagem urbana;
» desperdício de recursos naturais não renováveis;
» redução da vida útil dos locais adequados para aterramento dos resíduos não renováveis.

A vida útil dos aterros sanitários no país depende exclusivamente da qualidade de resíduos que são enviados para o aterro. No caso de resíduos não renováveis com vida útil reduzida tecnologicamente, o mais adequado é a reinserção do referido resíduo. Uma vez isso ocorrendo, a quantidade de resíduos não renováveis daria maior vida útil aos aterros, que teriam apenas como destinação final resíduos que não poderiam ser reprocessados.

Só esses fatores já são mais do que suficientes para nos preocuparmos com a destinação dos resíduos das edificações e das obras de construção civil. Mas, para que essa consciência se torne visível, com certeza precisamos de uma legislação que a oriente. É o que veremos no próximo tópico.

Legislação

A tão falada institucionalização (falaremos sobre ela no capítulo 7) e a "ordem" (*establishment*) na qual o ambientalismo se inseriu, fez com que a legislação tomasse um papel importante. Nesse sentido, contamos com a Resolução n° 307/2002 do Conama (Brasil, 2002c), a qual estabelece diretrizes, critérios e procedimentos para a gestão dos resíduos da construção civil. Essa resolução define o processo de elaboração do Plano Integrado de Gerenciamento de Resíduos da Construção Civil. Considerando a importância desse plano, destacamos alguns artigos fundamentais para essa orientação:

> *Art. 4° Os geradores deverão ter como objetivo prioritário a não geração de resíduos e secundariamente, a redução, a reutilização, a reciclagem e destinação final.*
>
> *§ 1° Os resíduos da construção civil não poderão ser dispostos em aterros de resíduos domiciliares, em áreas de "bota-fora", em encostas, corpos d'água, lotes vagos e em áreas protegidas por Lei, obedecidos os prazos definidos no art. 13 desta Resolução.*
>
> *Art. 5° É instrumento para a implementação da gestão dos resíduos da construção civil o Plano Integrado de Gerenciamento de Resíduos da Construção Civil, a ser elaborado pelos Municípios e pelo Distrito Federal, o qual deverá incorporar:*

I – Programa Municipal de Gerenciamento de Resíduos da Construção Civil;
II – Projetos de Gerenciamento de Resíduos da Construção Civil.

Art. 6º Deverão constar do Plano Integrado de Gerenciamento de Resíduos da Construção Civil:

I – as diretrizes técnicas e procedimentos para o Programa Municipal de Gerenciamento de Resíduos da Construção Civil e para os Projetos de Gerenciamento de Resíduos da Construção Civil a serem elaborados pelos grandes geradores, possibilitando o exercício das responsabilidades de todos os geradores;

II – o cadastramento de áreas, públicas ou privadas, aptas para recebimento, triagem e armazenamento temporário de pequenos volumes, em conformidade com o porte da área urbana municipal, possibilitando a destinação posterior dos resíduos oriundos de pequenos geradores às áreas de beneficiamento;

III – o estabelecimento de processos de licenciamento para as áreas de beneficiamento e de disposição final de resíduos;

IV – a proibição da disposição dos resíduos de construção em áreas não licenciadas;
V – o incentivo à reinserção dos resíduos reutilizáveis ou reciclados no ciclo produtivo;
VI – a definição de critérios para o cadastramento de transportadores;
VII – as ações de orientação, de fiscalização e de controle dos agentes envolvidos;
VIII – as ações educativas visando reduzir a geração de resíduos e possibilitar a sua segregação.
[...]
Art. 9º Os Projetos de Gerenciamento de Resíduos da Construção Civil deverão contemplar as seguintes etapas:
I – caracterização: nesta etapa o gerador deverá identificar e quantificar os resíduos;
II – triagem: deverá ser realizada, preferencialmente, pelo gerador na origem, ou ser realizada nas áreas de destinação licenciadas para essa finalidade, respeitadas as classes de resíduos estabelecidas no art. 3º desta Resolução;
III – acondicionamento: o gerador deve garantir o confinamento dos resíduos após a geração até a etapa de transporte, assegurando em todos os

casos em que seja possível, as condições de reutilização e de reciclagem;
IV – transporte: deverá ser realizado em conformidade com as etapas anteriores e de acordo com as normas técnicas vigentes para o transporte de resíduos;
V – destinação: deverá ser prevista de acordo com o estabelecido nesta Resolução.

Para facilitar o entendimento da legislação e a gestão do meio ambiente, especificamente, nesse caso, sobre o como proceder em relação aos resíduos da construção civil, consideramos oportuno relacionar, no item a seguir, uma séria de definições próprias da área.

⟫ Definições

Aterro de resíduos da construção civil e de resíduos inertes: é o local de destinação final que deve atender à classificação da Resolução CONAMA n° 307 de 05 de julho de 2002 visando estocar materiais segregados, de forma a possibilitar o uso futuro dos materiais e/ou futura utilização da área, conforme princípios de engenharia para confiná-los ao menor volume possível, sem causar danos à saúde pública e ao meio ambiente.

Beneficiamento: qualifica os resíduos da construção civil.

Cedente de área para recebimento de inertes: pessoa física ou jurídica que atenda o licenciamento ambiental quanto à classificação do resíduo.

Geradores: são pessoas físicas ou jurídicas que geram os respectivos resíduos. Empresas de construção civil entre outros.

Poder Público: a prefeitura e as suas autarquias.

Prestador de serviço: a pessoa física ou jurídica de direito privado, contratada para executar o serviço.

Reciclagem: é um processo de reutilização e transformação dos resíduos, podendo mesmo tornar-se outro produto.

Redução: busca-se diminuir a quantidade de resíduos gerada.

Resíduos da Construção Civil (RCC): provenientes de diferentes obras, tais como: prédios, pontes, rodovias, casas entre outros.

Resíduos sólidos: materiais resultantes de processo de construção civil.

Reutilização: é o aproveitamento dos resíduos da construção civil sem transformação física ou físico-química, assegurado, quando necessário, o tratamento destinado ao cumprimento dos padrões de saúde pública e meio ambiente.

Segregação: consiste na triagem dos resíduos da construção civil no local de origem ou em áreas licenciadas para esta atividade, segundo a classificação exigida por norma regulamentadora.

Fonte: Grupo de Gerenciamento de Resíduos Sólidos da Construção Civil do Sinduscon-MG, 2007.

» Síntese

É possível uma gestão responsável dos resíduos provenientes da construção civil? É possível evitar impactos ambientais oriundos dessa atividade com o uso da reciclagem e de novas técnicas que considerem o meio ambiente como algo a ser preservado?

Nesse sentido, levantamos aspectos práticos, pois, para que a conscientização seja eficiente, ela deve resultar em atitudes. Pudemos perceber ao longo deste estudo que técnicas e orientações para a destinação do lixo proveniente das construções civis nós já temos, bem como diversas formas de trabalhar com esses resíduos.

» Questões para revisão

1) Qual o papel da logística reversa na gestão de resíduos da construção civil?
2) De acordo com a Resolução do Conama nº 307/2002, como deve ser a classificação e a destinação dos resíduos da construção civil?
3) Quais os principais objetivos da reciclagem na área de construção civil?
4) Quais os prejuízos ocasionados pela não reciclagem?
5) Qual legislação estabelece diretrizes, critérios e procedimentos para a gestão de resíduos sólidos?

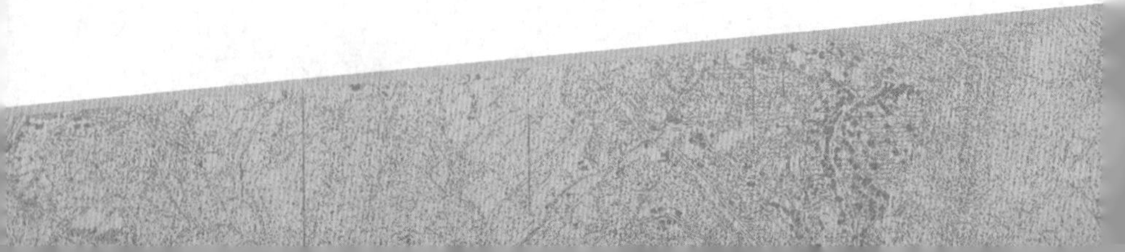

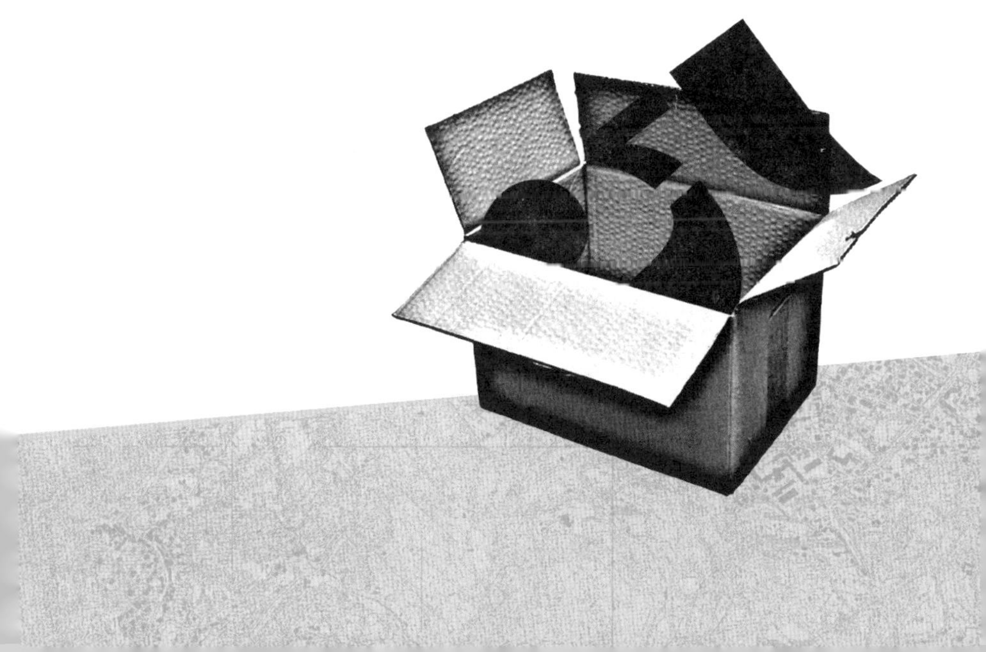

A LOGÍSTICA REVERSA E OS PNEUS INSERVÍVEIS

›› Conteúdos do capítulo:

» os problemas ambientais gerados pelos pneus inservíveis;
» a gestão orientada pela logística reversa na busca por soluções para a destinação dos pneus em desuso;
» as vantagens da implantação dos processos dos 3Rs.

›› Após o estudo deste capítulo, você será capaz de:

» identificar situações de impacto ambiental e de saúde provocados por destinação inadequada dos pneus inservíveis;
» aplicar a legislação ambiental na gestão de destinação dos pneus fora de uso;
» criar programas baseados em técnicas de uso dos 3Rs com o objetivo de mitigar os riscos ao meio ambiente oriundos do acúmulo de pneus inservíveis.

A partir da era industrial (fim do século XVIII e início do século XIX) e dos avanços tecnológicos, o homem começou a desenvolver novas ferramentas para satisfazer as suas necessidades. Ocorreu que uma gama de resíduos sólidos começou a ser produzido a partir dessas mesmas necessidades, dentre os quais o **pneu**, que é considerado um resíduo especial, tendo em vista a quantidade produzida e a destinação inadequada que se dá a ele. O pneu passou a ser um **grande vilão**.

O que é um pneu? Podemos defini-lo lembrando que esse termo é a forma simplificada do vocábulo *pneumático*. O pneu é uma invenção criada há quase dois séculos, que consiste em um tubo de borracha natural misturada com borracha sintética, cheio de ar e ajustado ao aro de uma roda. Antes de sua criação, a borracha era utilizada apenas para a impermeabilização de tecidos e outros objetos. Em dias muito quentes, ele se dissolvia e, assim, a sua utilização inicial levou a indústria à falência.

A descoberta do pneu como é conhecido hoje ocorreu por volta de 1839, por Charles Goodyear, que recebeu uma encomenda para produzir malotes para os sistemas de correspondências, sistema hoje chamado de *correio*. Para um novo experimento, Goodyear utilizou a borracha, mas em função da temperatura ou em casos em que os malotes estavam próximos a fornos quentes, eles derretiam. Ele percebeu que, aquecendo a borracha, era possível dar estabilidade ao material. Experimentos posteriores confirmaram as conclusões do experimento de Charles Goodyear e, mais tarde, desenvolveu-se uma carcaça com recobrimento de borracha, o que hoje é o pneu (Anip, 2009).

» Os pneus e as questões ambientais

Por que vilão? Desde o surgimento do pneu como o conhecemos, a indústria, os órgãos ambientais, os ambientalistas, as ONGs (organizações de caráter não governamental) vêm discutindo qual a destinação para o pneu *inservível*, denominação dada ao pneu que não mais pode ser condicionado ao processo de reforma que permita condição de rodagem adicional.

Mas qual o motivo para denominarmos o pneu de *inservível* e de *vilão*? Obviamente, nem sempre ele recebe essa designação. Isso ocorre no momento em que o produto-base do pneumático deixa de rodar (isso em veículos). Nessa condição, ele passa a ser classificado como inservível; nesse caso, o pneu se torna um fator agressor do meio ambiente, causando problemas à saúde pública.

Essa matéria tem recebido grande destaque nas conferências sobre aquecimento global. E como aqui vamos discutir a reutilização e a logística reversa, os procedimentos no caso dos pneus inservíveis são interessantes. Assim veremos as diferentes formas de destinação final do pneu até o seu reuso, o que chamamos de *processo reverso*.

O pneu é um resíduo de difícil destinação final, pois depende de tecnologia apropriada e o custo no Brasil ainda é muito alto para que empresários do setor, bem como para grupos interessados, possam investir no seu reuso.

Existem fatores de ordem prática que dificultam o reuso dos pneus, como, por exemplo:

» os resíduos dos pneus ocupam grandes espaços para armazenamento temporário, o que dificulta o seu manuseio, além disso, é grande a quantidade gerada;

» existem os problemas sanitários e de saúde pública, pois, quando não armazenados adequadamente, os pneus se tornam dissipadores de patologias e, principalmente, "berços de reprodução" para agentes epidemiológicos, como é o caso do mosquito da dengue, o *aedes aegypti*.

Diante dessas situações, eles são descartados por postos de gasolina, borracharias e até distribuidoras em locais inapropriados, formando enormes pilhas, promovendo a degradação ambiental e o impacto de paisagem.

Nesse caso, o que observamos é, por um lado, a ausência de informações por parte do poder público e, por outro, a indústria, que não assume a responsabilidade pela destinação final dos pneus inservíveis.

Fruto do desenvolvimento da tecnologia em benefício e comodidade para o homem, o pneu, mesmo quando inservível, pode ser aproveitado de várias formas. Veremos que por meio da prática da logística reversa é possível reutilizar o pneu inservível em um processo que envolve os geradores dos resíduos e a sociedade, o que podemos chamar de *responsabilidade socioambiental*. Trata-se de um desafio.

» Formas de reaproveitamento dos pneus inservíveis

A grande quantidade de pneus inservíveis gerados representa um enorme prejuízo ao meio ambiente, fato que se torna ainda mais sério tendo-se em vista que não há como reduzir a quantidade produzida pela indústria, haja vista a demanda de produção de veículos automotores. Vivemos em um período de ápice da indústria automotiva, o que faz com que a geração de resíduos a partir dela seja muito grande, principalmente no caso dos pneus. Seu reuso por meio da reciclagem, da geração de energia e em alguns países na produção da malha viária, ou seja, com a fabricação do asfalto, vem sendo feito com a utilização de algumas tecnologias ainda tímidas.

O Conselho Nacional do Meio Ambiente, por meio da Resolução nº 258, de 26 de agosto de 1999*, determina que os fabricantes são os responsáveis por dar destino aos pneus inservíveis. Em alguns locais, a referida resolução, objeto de inúmeras discussões, vem sendo atendida. Algumas iniciativas têm ocorrido no sentido de reutilizar o material em desuso, como:

» a queima do pneu em cimenteiras para a geração de energia;
» em outros casos, a produção de um subproduto para ser agregado na lama asfáltica.

Algumas iniciativas são realizadas pelo governo, a exemplo, a coleta do pneu inservível e a sua destinação para a formação de um novo produto, bem como a sua reinserção com outras características, entre outras, a remoldagem.

Para dar sustentação a esse processo, é necessário e urgente que um número maior de campanhas de sensibilização seja feito, como a de educação ambiental e de saúde pública. Lembramos que, apesar de todas as informações disponíveis, ainda temos cidadãos que dão destinação inadequada a esse material e, assim, promovem a degradação do meio ambiente e dos ecossistemas naturais.

»» Questões para reflexão

Consideramos que deve haver um esforço conjunto entre a sociedade e o governo, uma ampla fiscalização entre fornecedores, distribuidores e todos que integram a cadeia do pneu, para que essa realidade do "pneu vilão" possa ser mudada, um esforço similar ao realizado no Brasil quando o país inteiro lutou na campanha

* Para visualizar essa resolução na íntegra, acesse: <http://www.mma.gov.br/port/conama/res/res99/res25899.html>.

nacional para diminuir a produção de aerossol à base de Cloro, Flúor e Carbono (CFC).

Pensando nisso, reflita sobre as seguintes questões: está havendo mobilização nesse sentido? Você tem observado na sua região esse tipo de cuidado ou os lixões de pneus continuam a céu aberto?

Nesse aspecto, acreditamos que um passo importante é o de estabelecer as diretrizes da **política dos 3Rs**:

» **Reduzir**: É necessário e urgente buscar alternativas para evitar o uso do pneu, com tecnologias apropriadas. Isso necessita de investimento.
» **Reutilizar**: Devemos observar como reutilizar o pneu, pois no momento em que este se torna inservível, a reutilização não poderá ser mais para o mesmo fim.
» **Reciclar**: É uma forma de aproveitar a matéria inservível dando origem a uma nova matéria, passando a ser uma ferramenta tecnológica de ação, com o objetivo de evitar a destinação inadequada.

Se ainda não é possível atender à política dos 3Rs, a ideia principal é a busca de alternativas para o não uso. O não uso pode se limitar à utilização de transporte coletivo de massa e, não havendo soluções "milagrosas" para a destinação final, o máximo de informações serão buscadas, para o caso da não utilização do pneu, quando ele se torna inservível.

Nesse contexto, precisamos prestar especial atenção às possibilidades das quais podemos nos valer para não degradarmos o meio ambiente e colocarmos essas três palavras – *reduzir, reutilizar, reciclar* – em uso. Vamos ver algumas possibilidades de reutilização e reciclagem.

>>> Reuso

O reuso pode ser feito em veículos quando é feita a reforma dos pneus. Essa reforma pode ser realizada através dos seguintes processos:

» **Remoldagem**: Conhecida também como *pneu-remold*, que é a substituição da banda de rodagem e de toda a superfície do pneu.
» **Recauchutagem**: O processo ocorre por meio de substituição apenas da banda. Nesse caso, o pneu pode ser reaproveitado, desde que não apresente falhas como cortes, furos, deformações, sulcos etc. A recauchutagem não pode ser feita por mais de duas vezes.

No entanto, não são apenas essas as possibilidades de reuso:

» o pneu, em sua forma original, pode ser usado em obras de contenção de erosão, construções de quebra-mares, em brinquedos infantis, entre outros empregos;
» quando cortado e triturado, pode ser reaproveitado em misturas asfálticas, revestimentos de pistas, adesivos e ainda como tapetes automotivos.

Mas podemos **usar nossa criatividade** nesse desafio de reaproveitamento dos pneus inservíveis. Um exemplo significativo vem do Estado do Mato Grosso, onde a Escola de Samba Unidos do Morrinho transforma pneus inservíveis em cadeiras e outros aparatos para a comunidade (Ecoviagens, 2003).

Outro exemplo significativo é o trabalho realizado por José Dafico Alves, em Goiatuba (Estado de Goiás): **a construção de casas com a utilização de pneus que iriam para o lixo**. Segundo a reportagem do *Bom Dia Brasil*, da Rede Globo, que foi ao ar no dia 30 de setembro de 2009, a "Técnica de reutilização de materiais constrói casas mais baratas, seguras e ecologicamente corretas. Elas [as casas] usam material que iria para o lixo, como pneus velhos"(Gomes, 2009).

De acordo com declarações do construtor ecológico, primeiramente é feita a separação da borracha do aço do pneu. Em seguida, pneus são fixados ao solo com uma estrutura de aço – para isso, tiras de borrachas são enroladas e formam bobinas, e, além disso, treliças de ferro são utilizadas para montar o alicerce. Já os espaços vazios dos pneus são preenchidos com uma mistura de cimento e lixo (vidro, plástico, papelão e entulho de obra).

»» Reciclagem

A reciclagem dos pneus inservíveis não é um processo simples, pois há necessidade de separar da borracha as partes metálicas e o *nylon*. A primeira etapa é a **granulação** pela qual os componentes são separados.

Outra etapa compreende a **trituração**, que resulta em pequenos pedaços que devem atingir o nível de granulometria elevada. Na sequência, o material resultante passa por outras fases de trituração até chegar no material ideal para o próximo processo, que é a **moagem**, até tornar o pneu em farelo de borracha.

Ainda restam alguns componentes, que é o caso do aço, que é retirado através de eletroímãs, e o *nylon*, que, por sua vez, fica retido em peneiras separadoras.

No Brasil, o material, depois de triturado e moído, possui algumas aplicações:

- » é incorporado em fornos de fábricas de cimento;
- » é usado na produção de acessórios para a linha automobilística, para o mercado calçadista e para outras fábricas que reutilizam o material;
- » é usado, através de alta tecnologia, em malhas viárias asfálticas, nas quais os veículos que circulam com uma maior aderência pela qualidade do material empregado.

Na prática, esse processo de reciclagem do pneu inservível é um procedimento caracterizado como um fluxo reverso, no qual há o envolvimento de toda a cadeia produtiva, desde a concepção do produto até a origem de um novo produto a partir dele.

Porém, essa prática difere dos processos utilizados com plásticos e outros resíduos, pois o custo é mais elevado por se tratar de um material vulcanizado*.

Regeneração

É um processo químico na qual o pneu se torna apto para a vulcanização. O material regenerado não tem as mesmas propriedades da origem, pois se trata da recuperação de um pneu inservível – o arame é recuperado, assim como o *nylon*, e é colocado um reforço de embalagens de papelão.

Na regeneração, o pneu inservível poderá ser transformado em outros produtos, como tapetes, pisos de quadras esportivas, canchas, móveis, podendo ser utilizado como revestimento para tanques de combustíveis.

Fonte de energia

O pneu inservível, a partir da sua queima, caracteriza-se como um importante gerador de energia. O agravante, nesse processo, é a formação de gases à base de dióxido de enxofre e amônia, que, segundo pesquisadores, pode elevar a precipitação de chuva ácida. Para o meio ambiente, a grande dificuldade é tratar a fumaça exalada pela queima. Existe tecnologia para tanto, que se torna inviável pelo custo.

Esse material apresenta um bom nível de combustão, chegando a um poder calorífero de 12 mil a 16 mil BTUs** por quilo, nível maior que o alcançado pela madeira e pelo carvão.

É utilizado nas indústrias cimenteiras, nas quais a cinza do pneu é agregada à fabricação de cimento por um processo de coprocessamento.

- Vulcanização: Modificação da borracha natural obtida pela sua combinação com enxofre, para atribuir-lhe maior força, elasticidade e resistência a temperaturas altas e baixas.
- **BTU = *British Thermal Unit*. Trata-se de uma unidade de medida de energia.

Existem também processos químicos para a recuperação da borracha, tais como:

» craqueamento;
» pirólise;
» gaseificação;
» hidrogenação;
» extração por degradação;
» extração catalítica.

» **Figura 10**: Diagrama de planta de pirólise de pneus

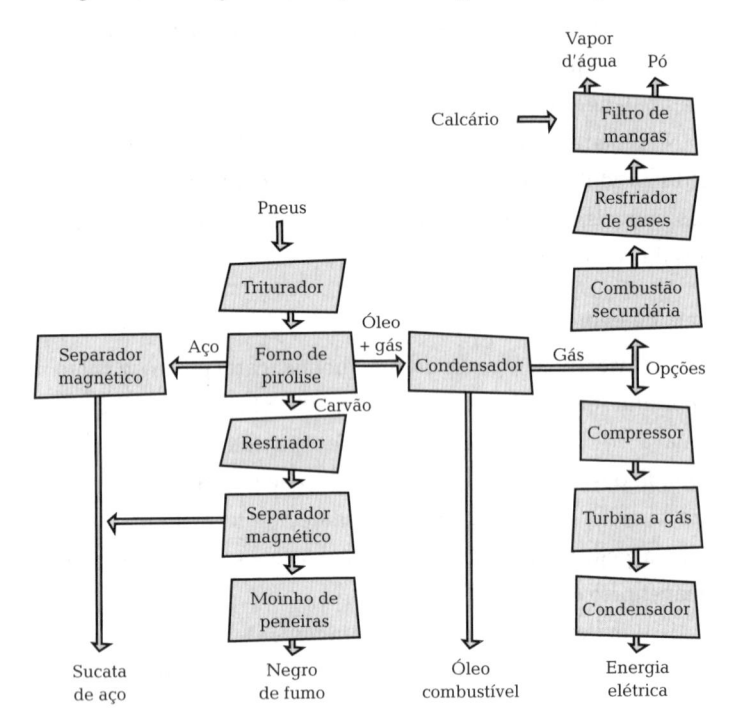

Fonte: Andrietta, 2007.

❯❯ Legislação

De acordo com as Resoluções Conama n° 258/1999 e n° 301/2002, os fabricantes de pneumáticos são responsáveis pela destinação final de seus produtos lançados no mercado. Destacamos o art. 3°, que estabelece prazos e quantidades para coleta e destinação final de forma ambientalmente adequada dos pneumáticos inservíveis.

Com a "força" da lei, podemos observar, segundo a cartilha do programa Desperdício Zero (Paraná, 2009c), certo avanço no que diz respeito ao destino dado aos pneus inservíveis; no ano de 2002, para cada 4 novos pneus fabricados, 1 inservível deveria ser corretamente destinado. No ano de 2003, para cada 2 novos pneus produzidos, 1 inservível deveria ser coletado. Já no ano de 2004, a cada 1 pneu novo, 1 inservível deveria ser coletado, e, em 2005, para cada 4 novos pneus, 5 inservíveis deveriam ser coletados.

Como podemos calcular, houve um avanço significativo devido às exigências legais. Passamos de 1/4 em 2002 para 5/4 de pneus inservíveis coletados em 2005.

❯❯❯ Para saber mais

BERTÉ, R. *Gestão socioambiental no Brasil*. Curitiba: Ibpex; Saraiva, 2009.

É uma obra bastante útil para a sua atuação na gestão de produtos sólidos ou para seu aprofundamento na legislação ambiental. A leitura do livro *Gestão socioambiental no Brasil* conta com a abordagem de vários aspectos relacionados à legislação e com um anexo com descrições das leis, dos decretos e das resoluções com seus respectivos temas e disposições.

O processo relacionado à destinação dos resíduos oriundos dos pneus, ou simplesmente o destino a ser dado aos pneus inservíveis, ainda tem um longo caminho a percorrer, levando-se em conta que a quantidade de pneus inadequadamente dispensados é enorme. Contudo, alguns exemplos merecem a nossa atenção, pois servem de modelo e inspiração para criarmos novas ações que resolvam esse impasse. Como, por exemplo, o programa Paraná Rodando Limpo, caso que apresentaremos na sequência.

››› Estudo de caso

Programa Paraná Rodando Limpo

Em meados de 2001, a Prefeitura de Curitiba, em conjunto com a Petrobras e a BS Colway Pneus, lançou o programa Paraná Rodando Limpo, visando não só providenciar uma destinação adequada aos resíduos gerados de pneus, mas também aumentar a produção de gás e óleo combustível, além de economizar o minério do xisto, que é recurso natural não renovável.

Objetivos:

a. Em defesa da ecologia e da saúde pública, coletar todos os pneus inservíveis existentes, bem como diversos outros resíduos sólidos recicláveis que hoje se encontram inadequadamente dispostos a céu aberto no território paranaense;
b. realizar essa tarefa em conjunto com as lideranças políticas e empresariais de cada município, através de seus prefeitos e associações comerciais, industriais e agropecuárias, vinculadas à Federação das Associações Comerciais e Empresariais do Paraná (Faciap), mobilizando toda a sociedade civil, em conjunto com as Secretarias de Estado, da Saúde, da Educação e da Defesa do Meio Ambiente, à caça ao *aedes aegypti*, com a finalidade de erradicar a dengue e a febre amarela urbana, no prazo de um ano;

c. promover a geração de milhares de postos de trabalho, principalmente àqueles trabalhadores que não têm qualificação técnica e vivem hoje em situação de dificuldade em cada um dos municípios do Estado do Paraná (399 municípios);
d. viabilizar a constituição de Organização da Sociedade Civil de Interesse Público (Oscips) ou Cooperativas de Coletadores de Resíduos Sólidos nos município paranaenses, onde elas não existam e fortalecer as existentes.

Através do termo de compromisso, os parceiros do programa têm as seguintes obrigações descritas no referido termo:

a. Participar, em conjunto com a Faciap e as prefeituras municipais, na organização da coleta dos pneus, ajudando na mobilização das associações de catadores de papel e da comunidade;
b. divulgar a campanha de coleta e destruição de pneus inservíveis junto aos meios de comunicação, alertando a população sobre a importância do combate à dengue;
c. designar representantes locais para participarem dos treinamentos e das ações locais;
d. promover fiscalização educativa nos geradores informais e atravessadores de recicláveis (sucateiros);
e. monitoramento logístico às ações da comunidade civil (coletadores, Lions, Rotary etc.);
f. intensificar as ações de combate a dengue, orquestrando ações conjuntas, utilizando a estrutura do programa;
g. outras ações determinadas pela função do Estado.

Fonte: Adaptado de Programa Rodando Limpo, 2007.

» Síntese

Que os avanços industriais trouxeram uma série de problemas relativos ao meio ambiente para serem resolvidos, isso é consenso. Por outro lado, não poderíamos estar no atual estágio de desenvolvimento da civilização sem tais avanços. A questão está em como enfrentamos essas situações: se com responsabilidade, procurando soluções, ou de forma inconsequente, aumentando os estragos sem usarmos a inteligência para encontrar meios para sanar esses problemas. O caso dos pneus inservíveis é uma situação típica desse contexto. O uso de técnicas como os 3Rs dá uma dimensão daquilo que é possível promover em uma gestão com responsabilidade e no uso da logística reversa.

» Questões para revisão

1) Quando um pneu se torna inservível? Quais os problemas que ele provoca?
2) Por que falamos em logística reversa no caso dos pneus inservíveis?
3) Quais são as diretrizes das políticas dos 3Rs?
4) Quais os processos que temos para aplicar os 3Rs?
5) Qual a Resolução do Conama que dispõe sobre os procedimentos que devem ser tomados com os pneus inservíveis?

6

A LOGÍSTICA REVERSA E O PLÁSTICO

»» Conteúdos do capítulo

» os motivos da rápida e abrangente propagação do uso do plástico;
» as propriedades e características físico-químicas dos plásticos;
» as possibilidades de reciclagem dos plásticos.

»» Após o estudo deste capítulo, você será capaz de:

» identificar as propriedades dos plásticos e conhecer suas características;
» relacionar os aspectos favoráveis para o uso dos materiais plásticos;
» utilizar procedimentos de coleta seletiva;
» elaborar procedimentos para a destinação dos plásticos oriundos de coleta seletiva.

O plástico vem se impondo cada vez mais nos utensílios de nosso uso diário. Usamos potes para congelamento, baldes, cestos, bacias, todos produtos feitos de plástico. E, quando os usamos, será que pensamos: "Esses são utensílios feitos de plástico. Mas, **por que alguns baldes são de plástico, e não de chapa metálica ou madeira como antigamente?**". Nesse uso específico, o peso é fator determinante. O balde de plástico é leve e estável o suficiente para o transporte de água.

No entanto, são inúmeros os casos de objetos nos quais hoje se usam materiais plásticos. Os motivos também são vários, todos correspondentes às diversas características desse material. Vejamos alguns exemplos:

» **Por que cabos elétricos são revestidos de plástico e não de porcelana ou de tecido isolante?** O revestimento de plástico é mais flexível que porcelana e mais robusto que tecidos e isola o cabo tão bem ou melhor que estes.

» **Por que geladeiras são revestidas internamente com plástico?** Porque o plástico, por um lado, é robusto e, por outro, conduz mal o calor, permitindo a melhor manutenção da baixa temperatura.

» **Por que o CD é feito de plástico?** Porque o Plástico Policarbonato (PC) é tão transparente quanto o vidro e, ao mesmo tempo, é mais leve e não quebradiço.

Devemos, além desses fatores, considerar naturalmente em todos os exemplos também o preço. O uso de plásticos se mostra, normalmente, como a solução técnica mais barata, principalmente para produtos de venda em massa. Os problemas associados a essa escolha são geralmente colocados em segundo plano, como, por exemplo, **a eliminação do lixo** proveniente de sua utilização.

》》 Questões para reflexão

Ricardo Raele (2008), em seu artigo *O lixo urbano ao lado de quem?* questiona e sugere: "Por que nossa civilização produz lixo? Quais são nossos erros sociais que resultam na existência do lixo? O que na nossa concepção de Deus está errado? O que na nossa concepção de universo está errado? De ser? De felicidade?"

E você, o que diz a respeito dessa situação?

》》 Plásticos: materiais universais

Antes de o plástico ser conhecido, apenas a natureza fornecia materiais leves, como a madeira, que se deixa trabalhar facilmente, que é firme, flexível e pode ser moldada permanentemente com auxílio de processos especiais, assim como a borracha natural, uma matéria-prima dos elastômeros, elástica e deformável.

Com as propriedades dos materiais naturais, o ser humano não podia resolver todos os problemas técnicos. Assim, ele procurou por novos materiais que preenchessem as especificações necessárias. Os químicos avançaram com as pesquisas sobre a estrutura molecular de materiais naturais, como no caso da borracha, e apenas no século passado eles chegaram à condição de produzir esses materiais artificialmente.

Os plásticos produzidos atualmente ultrapassaram em várias vezes as propriedades dos materiais naturais. Para as diferentes necessidades, dispõem agora de materiais cujas propriedades suprem, de forma ideal, as respectivas aplicações.

Não se pode ver externamente, em uma peça de plástico, para que objeto ela se presta. Para tanto, seria necessário que se conhecesse algo sobre a estrutura interna do material. Dessa forma, é possível obter, por exemplo, informações sobre densidade, condutibilidade, permeabilidade ou solubilidade, que são chamadas de *propriedades específicas do material*.

⟫ As origens do uso do plástico

A passagem planejada de materiais naturais para os atualmente conhecidos *polímeros* teve início no século passado, mas um significado econômico só foi obtido na década de 1930, quando o professor Hermann Staudinger (1881-1965) desenvolveu o modelo estrutural dos polímeros. O químico alemão recebeu o Prêmio Nobel, em 1953, por suas pesquisas desenvolvidas.

A prosperidade mundial da indústria do plástico começou após a Segunda Guerra Mundial. No princípio, era utilizado o carvão como matéria-prima. Apenas em meados da década de 1950 ocorreu a substituição pelo petróleo. A vantagem dessa substituição estava no fato de que se poderia aproveitar racionalmente a parcela do refino, até aquela época sem valor, que no craqueamento do petróleo (*to crack* – quebrar) era utilizada como produto secundário. O forte crescimento da produção de plásticos foi parcialmente freado durante a crise do petróleo de 1973. Todavia, esse material apresenta até hoje um desenvolvimento dinâmico acima da média.

Entretanto, o uso dos plásticos só será ótimo quando suas características especiais forem determinadas. Justamente na substituição de materiais clássicos, como madeira ou metal, a composição do plástico deve ser feita corretamente, para que sejam devidamente aproveitadas as várias vantagens desse material.

Os processos de fabricação adequados e os valores característicos correspondentes do material devem, da mesma forma, ser conhecidos.

❯❯ Elementos que compõem o plástico

O plástico não é formado apenas por um único material. Assim como o ferro e o alumínio, o plástico é constituído por materiais e qualidades diferentes. Como afirmamos anteriormente, as qualidades dos plásticos são tão variadas que frequentemente substituem materiais tradicionais, como a madeira ou o metal.

Todavia, os plásticos têm algo em comum – eles são compostos pelo enovelamento ou encadeamento de longas cadeias de moléculas, chamadas de *macromoléculas* (*makro* – grande). Essas macromoléculas são compostas normalmente de mais de 10.000 elementos individuais.

Nessa cadeia de moléculas, os elementos individuais estão ordenados um após o outro, como pérolas em um colar. Você pode imaginar o plástico como um novelo de lã com vários fios individuais: um único fio só pode ser retirado do novelo com muita dificuldade. Bastante similar é o plástico, em que as macromoléculas "se seguram" firmemente entre si. Como as macromoléculas, os plásticos são compostos de vários elementos individuais, chamados *monômeros* (*mono* – uma; *meros* – parte), e dos compostos de monômeros nós temos os chamados *polímeros* (*poli* – muito).

As matérias-primas para o monômero são, principalmente, o petróleo e o gás natural. Teoricamente, é possível produzir monômeros também com base na madeira, no carvão e até no CO_2, uma vez que o principal componente para a fabricação é o carbono. Porém, esses materiais não são usados, pois a fabricação com o petróleo e o gás é mais barata.

Alguns monômeros foram, por muitos anos, resíduos da produção de gasolina ou do óleo de aquecimento. Atualmente, o elevado consumo de plásticos torna necessária a produção desse "lixo" nas refinarias.

Plásticos são, portanto, materiais cuja composição essencial é constituída por ligações moleculares orgânicas que resultam de sínteses ou da transformação de produtos naturais. Eles são, via de regra, deformáveis plasticamente, por meio da manufatura sob determinadas condições (calor, pressão) ou são moldados plasticamente.

>>> Quais os processos de produção dos plásticos?

Como afirmamos anteriormente, a base para a produção do plástico é o **petróleo**, matéria-prima pela qual é agregada uma série de misturas para os diferentes tipos de plásticos que existem no mercado. A base é o hidrocarboneto, exposto a altas temperaturas de ebulição. É possível separar as substâncias utilizadas no processo de fabricação de materiais plásticos através da destilação ou craqueamento, que são fornecidos pelas centrais petroquímicas (Reviverde, 2007).

Depois da produção, os plásticos são enviados para as indústrias na forma de grãos, que passarão pelos seguintes processos: compreensão, injeção, extrusão e laminação.

Compressão: A massa é introduzida em molde aquecido que é, então, comprimido até tomar a forma desejada. O aquecimento pode ser feito por resistência elétrica: vapor, gás e água quente. Quando o material esfria, há concentração e a compressão desaparece. Nesse caso, temos, por exemplo, as caixas plásticas de disjuntores.

Injeção: A massa é pressionada para o interior de moldes diversos, onde se forma. No aparelho da injeção a massa recebe calor, que, em contato com molde, se solidifica. Nesse processo, é possível moldar objetos com o interior oco e vazio, como, por exemplo, as embalagens.

Extrusão: O material plástico é progressivamente aquecido, plastificado e comprimido, sendo forçado através do orifício com o formato da seção da peça. O aquecimento do plástico é feito antes da chegada ao bocal de extrusão. Depois de aquecido, amolecido e conformado, o material é submetido a um resfriamento. O processo de extrusão pode ser utilizado para obtenção de termoplásticas, como filmes de PEBD (saco plástico), tubos de PVC ou PE (sendo que os três tipos de plásticos citados têm por procedência cadeias de hidrocarbonetos).

Laminação: Nesse processo a resina é impregnada em papel ou tecido, que funciona como carga de enchimento. As folhas impregnadas pela resina são sobrepostas e comprimidas e, através do calor, produzem o plástico laminado, cujo uso vemos em fórmicas, pisos laminados plásticos (formipiso), entre outros.

Fonte: Paraná, 2009a.

»» Como se dividem os plásticos?

Os plásticos são divididos em três grandes grupos: os **termoplásticos**, os **duroplásticos** e os **elastômeros**, cada qual com características peculiares.

Os **termoplásticos** (*thermos* – calor; *plasso* – formar) são fusíveis e solúveis. Podem ser fundidos seguidas vezes e solubilizados por vários solventes. Variam, à temperatura ambiente, de maleáveis a rígidos ou frágeis. São diferenciados entre **termoplásticos amorfos** (*amorph* – desordenado), que são os que possuem estado de ordenação molecular semelhante ao vidro e são transparentes, e em **termoplásticos semicristalinos**, que apresentam uma aparência opaca. Se um plástico for transparente, podemos dizer, com bastante segurança, que se trata de um termoplástico amorfo. Os termoplásticos representam a maior parcela de polímeros.

A tampa da caixa dos CDs deve ser produzida a partir de um termoplástico amorfo, pois ela deve ser transparente, de maneira a permitir a leitura de seus elementos gráficos. O plástico do próprio CD também é transparente. Primeiramente, ele é vaporizado de um lado, geralmente com alumínio (a camada de alumínio age como um espelho) e então é impresso, para que o feixe de laser não o atravesse e seja refletido.

Os duroplásticos (*durus* – rígido) são rígidos e em todas as direções estreitamente encadeados. Eles não são deformáveis plasticamente, não são fundíveis, característica que os tornam extremamente estáveis à variação de temperatura. Em temperatura ambiente, são rígidos e quebradiços. Exemplo: tomadas elétricas.

Os elastômeros (*elasto* – elástico; *meros* – parte) não são fundíveis, são insolúveis, mas podem ser amolecidos. Sua estrutura molecular é composta de encadeamento espaçado e, por isso, é encontrado em estado elástico na temperatura ambiente. Exemplos de elastômeros são as vedações de vidros para conservas e os pneus de veículos.

» As características e o aproveitamento dos plásticos

Como vimos, temos vários tipos de resinas, que são a origem dos plásticos, as chamadas *macromoléculas* provenientes do beneficiamento dos subprodutos do petróleo. Contudo, os plásticos não são tóxicos, e sim inertes. Por isso, são amplamente utilizados para embalar alimentos, bebidas e medicamentos.

Algumas propriedades dos plásticos:

» ótimos isolantes térmo-acústicos;
» maus condutores de eletricidade (na maioria das vezes);
» resistentes ao calor;
» quimicamente inertes;

» leves (proporcionando grande economia no transporte das mercadorias);
» resistentes e flexíveis.

Embora possua todas essas características úteis para o seu aproveitamento, o plástico também precisa ser reciclado para não se tornar um agressor do meio ambiente. Nesse processo, existe inclusive uma simbologia própria reconhecida no Brasil e no âmbito internacional.

» **Figura 11:** Identificação internacional do plástico

$$\underset{\text{PET}}{\triangle_1} \quad \underset{\text{PEAD}}{\triangle_2} \quad \underset{\text{PVC}}{\triangle_3} \quad \underset{\text{PEBD}}{\triangle_4} \quad \underset{\text{PP}}{\triangle_5} \quad \underset{\text{PS}}{\triangle_6} \quad \underset{\text{OUTROS}}{\triangle_7}$$

O símbolo da reciclagem adotado no Brasil para o plástico possui as seguintes características: três setas retorcidas (símbolo de Mobius), no centro o número da resina*, e abaixo das setas a sigla referente ao composto, indicada pela cor vermelha.

» **Figura 12:** Modelo de símbolo para reciclagem do plástico

Número da Resina

Nome da Resina

* Para conhecer qual o tipo de resina que cada número representa, acesse: <http://setorreciclagem.com.br/modules.php?name=News&File=article&sid=470>.

Para nos beneficiarmos amplamente de todas as vantagens oferecidas pelo plástico, devemos estimular a deposição correta das embalagens após o uso, aumentando o alcance da coleta seletiva.

››› Questões para reflexão

Você já pensou sobre o fato de que, no Brasil, entre os anos de 1997 e 2000, foram coletadas diariamente 228.412 toneladas de lixo? E que, desse montante, no qual estava incluído um grande contingente de material plástico, apenas 40,5% teve destinação adequada? Mas não é só isso. Você já foi informado de que os materiais plásticos precisam de 4 a 5 séculos para se degradarem?

››› Coleta seletiva

Existem fatores que limitam a reciclagem dos plásticos, como a falta de subsídios que estimulem a reciclagem, bem como encargos e tributos elevados que diminuem a margem de lucro dos pequenos recicladores.

Nesse contexto, a coleta seletiva é um procedimento fundamental. Ela é um sistema que visa coletar o material potencialmente reciclável que foi previamente separado na fonte geradora. Por sua vez, a falta de coleta seletiva tem como consequência o aumento da contaminação dos recicláveis, gerando gastos adicionais com operações de separação e lavagem e a dificuldade na reciclagem de resinas misturadas.

A coleta adequada de materiais plásticos, bem como a separação destes, conta com os seguintes procedimentos:

» as embalagens plásticas devem ser lavadas e separadas após o uso;
» devemos evitar misturar as embalagens plásticas com materiais não recicláveis;

» é importante juntar os materiais plásticos em uma mesma sacola;
» o plástico não deve ser depositado simplesmente em lixeiras, e, sim, na lixeira de cor vermelha* ou, então, junto aos materiais recicláveis, quando o caminhão de coleta de recicláveis fizer o devido recolhimento.

Seguindo esses procedimentos, estaremos cooperando para que se faça uma das principais formas de reciclagem dos materiais plásticos, que é a **reciclagem energética**. Esse tipo de reciclagem é um processo de **recuperação da energia** contida nos plásticos através de processos térmicos. Utilizamos, nesse caso, os resíduos plásticos como combustíveis na geração de energia.

❯❯ Poliestireno expandido (EPS)

Para ilustrarmos o processo de reaproveitamento de materiais plásticos, temos o exemplo do poliestireno expandido.

A matéria-prima do plástico EPS consiste em pérolas de 3 mm de diâmetro que passam por um processo de expansão, fundindo-se e podendo ser moldadas nas mais diferentes formas. Como produto final tem-se placas constituídas por milhares de pérolas cuja composição é 98% de ar e apenas 2% de poliestireno. Devido à grande quantidade de ar presente nas pérolas, o EPS se torna um material extremamente leve.

Esse plástico é biodegradável? O EPS não é biodegradável, mas é reciclável. Processadores reciclam sobras de produção e corte de blocos, para serem usadas com grandes vantagens em outros produtos, exemplo: construção civil. Como esse material apresenta uma pequena densidade e ocupa grande volume, ocorre um desinteresse por parte das recicladoras, principalmente em coletar, transportar e armazenar o EPS.

* Essa cor é convencionada pela Resolução n° 275/2001 do Conama (Conselho Nacional do Meio Ambiente). Para ver essa resolução na íntegra, acesse: <http://www.mma.gov.br/port/conama/res/res01/res27501.html>.

»» Para saber mais

ABRAPEX – Associação Brasileira do Poliestireno Expandido.
Disponível em: <http://www.abrapex.com.br/Geral.html>. Acesso em: 06 ago. 2009.

Se você quer saber mais a respeito do EPS, entender sua composição, enfim, investigar mais sobre esse plástico, acesse o *site* sugerido. Nele você encontrará informações e poderá aprender sobre a sustentabilidade que é possível por meio da reciclagem.

»» Síntese

Este capítulo nos possibilitou a reflexão sobre o plástico, material que comumente vemos sob diferentes formas de utilização devido às suas propriedades aqui comentadas. Do mesmo modo que esse material traz benefícios "mercadológicos" para o homem, traz também problemas de cunho ambiental, pois, como vimos, não é de fácil degradação. Por isso, é importante darmos atenção à destinação dos materiais plásticos que não mais nos servem, pois o plástico pode ser reciclado.

Embora esse material possa ser reciclado e, a partir daí, receber diversas reutilizações, são necessários esforços para favorecer o processo de reciclagem, tanto por parte da população, que deve separar esse lixo, como do governo, que deve subvencionar a prática da reciclagem do plástico para que esta se torne atrativa para as indústrias e mesmo para as pequenas usinas de reciclagem.

Esperamos que a reflexão proporcionada pelas informações dispostas neste capítulo nos faça mudar nossa relação com esse material tão presente em nossas vidas, já que é possível sim uma relação de "ganha-ganha": ganhamos com a aplicabilidade comercial que o plástico nos proporciona antes e depois da reciclagem e, "de quebra", ajudamos o nosso meio ambiente. Basta uma ação conjunta de toda a sociedade.

❯❯ Questões para revisão

1) Qual é a composição essencial dos plásticos?
2) Quais são as matérias-primas utilizadas na produção dos monômeros?
3) Cite algumas propriedades dos plásticos.
4) É importante que seja feita a coleta seletiva de plásticos? Por quê?
5) Relacione os procedimentos para a coleta seletiva.

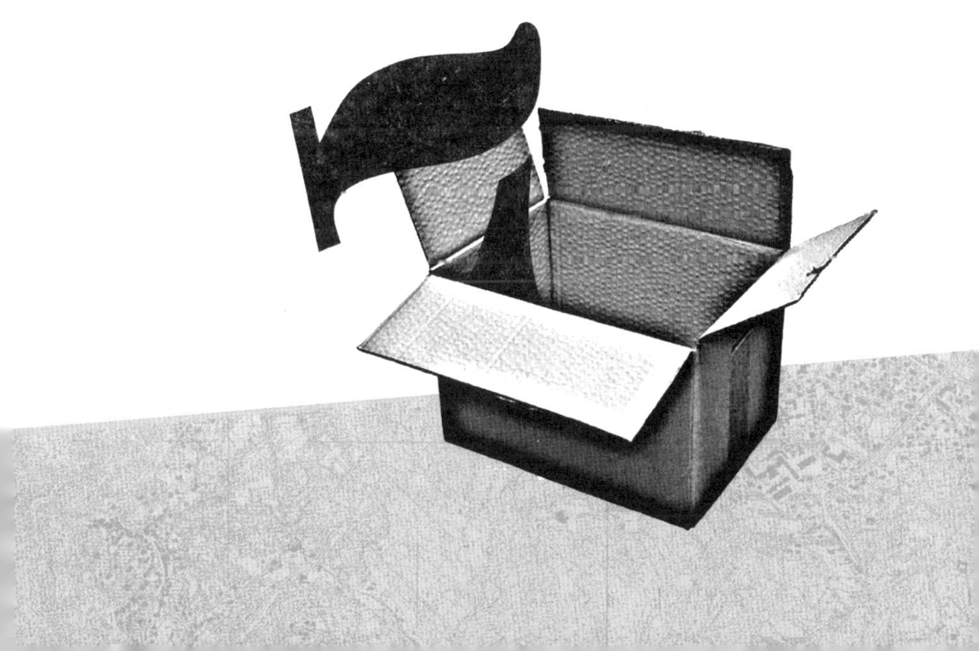

AMBIENTALISMO BRASILEIRO

»»» Conteúdos do capítulo

» os avanços e obstáculos do ambientalismo no Brasil;
» a cronologia das fases que estruturaram a abordagem ambiental no país;
» os principais fatos relacionados com a institucionalização das questões ambientais
» o panorama ambiental antes, durante e depois da Eco-Rio 92.

»»» Após o estudo deste capítulo, você será capaz de:

» relacionar as influências do pensamento da Eco-Rio 92 na evolução dos direcionamentos ambientais adotados no Brasil;
» abordar a transposição do período romântico dos ambientalistas para o período profissional;
» identificar pontos positivos e negativos no processo de institucionalização das prerrogativas ambientais;
» interligar os componentes do Sisnama às responsabilidades ambientais.

Abordar as questões ambientais no Brasil, com enfoque nas diferentes dimensões da gestão ambiental, dos avanços e retrocessos no processo político e decisório em que o quadro central desse debate é o meio ambiente, este é o propósito aqui. Utilizaremos dados cronológicos para fazermos um painel descritivo da importância dos movimentos populares, do ambientalismo, da gestão compartilhada e do pensamento de diferentes atores sociais sobre a degradação ambiental, partindo dos problemas mais emergentes e de soluções viáveis para um consumo consciente, aspecto que será determinante no debate e argumentação sobre a importância do uso da logística reversa pelas organizações.

Nesse roteiro, verificamos que:

» em época anterior aos anos 1990, as ações ambientais derivavam de uma **dinâmica bissetorial**: ou elas eram centradas nos setores não governamentais ou eram centradas nos setores da área governamental;

» a partir da década de 1990, o movimento ambiental foi marcado pela **lógica multissetorial**: passamos a assistir a uma extraordinária conscientização – e entrada na cena política – de atores até então reticentes ou periféricos, o que nós podemos chamar de *poder do social com múltiplas faces*.

Através da dinâmica do conhecimento, estudos realizados confirmaram o poder explicativo desse modelo e mostraram que, apesar das diferenças que marcavam cada setor e também cada tendência nesse período, o ambientalismo como movimento cresceu, ganhando novas bases sociais, e viu aumentar sua influência na agenda pública brasileira. Era a busca por um novo paradigma – **o desenvolvimento sustentável**.

Nesta década, a ideia de cooperação entre atores diferentes e até certo ponto desiguais, enunciada como possível e desejável no documento da *Agenda 21 – compromisso global estabelecido na Eco-Rio 92*, marcou a busca de consenso e influ o movimento de um otimismo que acabou por se mostrar exagerado.

O fato de dizermos que se mostrou exagerado se deve às constatações do início da primeira década do século XXI, na qual encontramos o propósito, segundo o art. 225 da Constituição Federal de 1988, de "um ambiente ecologicamente equilibrado, bem de uso comum do povo e essencial à sadia qualidade de vida", que está fragilizado pelo avanço da fronteira agrícola e sucumbindo a ações do poder econômico que interferem de forma arbitrária no uso dos recursos naturais.

Dessa forma, um destaque novo tomou forma no cenário ecológico – a Conferência Rio+10, em Joanesburgo, na África do Sul, em 2002. Observando os 10 anos que separaram a Conferência conhecida como *Rio-92* da que se realizou em Joanesburgo, não há como negar a diversificação e complexidade crescente do movimento ambientalista brasileiro, marcado, por um lado, pela multiplicidade de atores que passaram a falar em seu nome ou a disputar as mesmas ideias e, por outro, pela expressiva evolução daquilo que podemos chamar de *institucionalização da problemática ambiental no país*.

Esse fato (institucionalização da consciência ambiental) ocorre e ganha cada vez mais força pelo aumento significativo da consciência ambiental da população em todos os setores, dividindo o movimento em duas dinâmicas: uma que diz respeito aos setores estratégicos e outra que se refere ao "ambientalismo difuso", pulverizado em milhares de ações individuais e coletivas de pequeno porte.

» O legado da ECO Rio-92

Parlamentares, empresários, gestores governamentais, cientistas, líderes de entidades de defesa do meio ambiente e dos movimentos sociais mais importantes reafirmaram o significado histórico da Rio-92. A então maior conferência das Nações Unidas sobre meio ambiente e desenvolvimento, ao reunir não só países, mas também setores e organizações de todas as latitudes sociais no Fórum Global, foi um marco inaugural em termos da apreensão do sentido do que viria a se popularizar ao longo da década como *globalização* e *atuação da sociedade civil global*.

Deixando como legado várias convenções, tratados e o documento denominado *Agenda 21*, os quais até hoje balizam o movimento global de responsabilidade ecológica, a Rio-92 é tida como um dos grandes marcos históricos do ambientalismo mundial.

Mas essa conferência não foi somente a grande alavanca do novo ambientalismo no Brasil (um movimento mais complexo, mais difuso, mais contraditório, porém consideravelmente mais influente). A partir de 1992, a comunidade ambiental brasileira também cresceu, apareceu e se estabeleceu como tal.

Contudo, quando das vésperas da Rio+10, novas questões se apresentaram tanto para quem estudava o crescimento desse movimento como para os seus principais atores. As perguntas eram muitas.

»» Questões para reflexão

Qual o legado da década que findou? Em que avançamos e quais foram os pontos de estrangulamento? Qual é a agenda futura? Que estratégias serão privilegiadas? Quais as principais características do nosso ambientalismo? Completou-se um ciclo. No entanto, poderíamos dizer que estamos iniciando uma nova etapa?

Vamos procurar vislumbrar respostas para aquelas que foram perguntas substanciais para a continuidade do movimento. Vamos retroceder ao passado para encontrar respostas para o futuro de então e de agora.

››› Anos de pragmatismo

Nas décadas de 1980 e 1990, vivíamos uma "crise" denominada de *movimento ecológico*, a qual apontava para uma série de problemas a serem superados:

» o amadorismo do movimento;
» a tensão entre o movimento social e o movimento ecológico;
» a falta crônica de dinheiro para financiar as ações e o esgotamento de uma fase "denuncista" – na qual o ambientalismo privilegiava a estratégia da denúncia de crimes ambientais para se fazer ouvir;
» a demonstração de uma certa fobia ao setor produtivo, considerando-o não apenas degradador, mas também um "adversário ideológico".

Nesse contexto, a década de 1990 foi considerada expressiva em termos de avanços. Estávamos, na ocasião, em franco processo de **ambientalização da sociedade brasileira**. Tais avanços evidenciam essa "ambientalização", ou "ecologização", por meio dos acontecimentos a seguir:

» crescimento da consciência da população em geral, fenômeno medido por pesquisas de opinião e pelo aumento do eleitorado verde – principalmente na esfera de governos locais;
» o aumento do número de organizações não governamentais dedicadas à promoção do desenvolvimento sustentável;

» mudanças conceituais na gestão ambiental e o acelerado processo de institucionalização das questões/problemáticas ambientais no aparelho do Estado (nos três níveis federativos);
» a renovação dos instrumentos legais relacionados com o meio ambiente;
» o surgimento de organizações empresariais voltadas para a promoção de padrões ambientais na produção.

Emergiu, como resultado da promoção de padrões ambientais de produção, a necessidade de se discutir na indústria a Avaliação do Ciclo de Vida (ACV) dos produtos, com ênfase no questionamento da forma de utilização das matérias-primas, antes vistas como bens infinitos e hoje como bens finitos. Essa consciência foi o marco inicial do **fluxo reverso** e do surgimento de uma série de instrumentos financeiros que visavam e visam atrair o mercado para a "produção sustentável" ou "ecologicamente correta", o que poderíamos chamar de *câmbio verde*.

Em 1997, falava-se de "refluxo" da crise; havia um sentimento generalizado de que "a fase heroica" passara e, portanto, era preciso definir novas rotas. Parte dos problemas apontados em 1992 estava sendo superada, pois:

» o movimento reconhecia o processo de profissionalização como "amadurecimento";
» a estabilidade financeira e a consolidação da democracia facilitavam a parceria com governos;
» surgiram com vigor a produção verde e o *marketing* ecológico, a **logística reversa** e o **câmbio verde**, abrindo canais com o mundo empresarial, e a tensão entre o movimento social e ambiental *strictu sensu* parecia caminhar para um final feliz, através dos caminhos sugestivos da *Agenda 21*.

Em 2002, a oposição "ideológica" ao empresariado sofreu um arrefecimento, fato devido em grande medida à própria atitude de parte desse setor – o qual passou a responder positivamente à demanda por se adequar às novas exigências ambientais e de desenvolvimento – e em parte isso se deu em consequência da crescente convicção de que "o mercado é um dos entes estratégicos da mudança". A convivência entre diferentes atores, e até mesmo as negociações que foram se tornando rotineiras nas dezenas de conselhos nos quais a sociedade civil tem assento, foi degelando antigas hostilidades e mostrando que em todos os setores sociais havia aliados.

⟫ Os conceitos que marcaram o período pós-Rio-92

Indubitavelmente, o conceito de "desenvolvimento sustentável" proposto pelo *Relatório Brundtland*, em 1987, e visto com desconfiança em 1992 pelas lideranças que ainda não se sentiam à vontade com ele, uma década depois, em 1997, era o conceito-âncora do discurso oficial dos ambientalistas, qual fosse o setor prospectado. Falar de desenvolvimento sustentável se tornou "politicamente correto".

Analisando esse percurso, podemos afirmar que a comunidade ambientalista brasileira constituiu um jargão próprio, uma linguagem de "iniciados". Nessa linguagem, três conceitos se mostraram centrais por operarem mudanças concretas nas relações sociais:

» o conceito matricial do desenvolvimento sustentável;
» o conceito dos parceiros do desenvolvimento sustentável;
» o socioambientalismo.

Essa evolução, que agregou esses três conceitos, aconteceu em decorrência de um processo no qual a *Agenda 21* trouxe também como contribuição, além do **conceito matricial do desenvolvimento sustentável**, manejado por todos a partir da Rio-92, a sugestão de que os *stakeholders* – os atores relevantes – fossem os **parceiros do desenvolvimento sustentável**. Essa sugestão virou um modelo para montar processos e instâncias participativas no país e tudo indica que o desenrolar dessa sugestão ainda será longo.

O terceiro conceito matricial, o **socioambientalismo**, foi contribuição endógena do movimento ambiental brasileiro, assim como a *Agenda 21* operou conceitualmente a junção entre o social e o ambiental no nível das agendas. O socioambientalismo surgiu como uma maneira de se referir à identidade dos movimentos, programas e ações que passaram a assumir essa ideia – a de que o desenvolvimento sustentável só ocorre efetivamente quando a dimensão social é contemplada tanto quanto a dimensão ambiental.

O "socioambientalismo" tornou-se, na segunda metade dos anos 1990, a maneira preferencial de se expressar sobre "este modo Agenda 21 de ser" do ambientalismo brasileiro.

Sintetizando as influências desse período, podemos dizer que o movimento ambientalista passou por uma profunda modificação no processo da Rio-92, que foi a percepção da inter-relação entre ambiente e sociedade, o que quer dizer que a conservação ambiental passou a significar não só a criação de parques e reservas. Isso representou uma novidade e implicou o crescimento da importância da questão social urbana. O ambientalismo era até então muito voltado para a natureza rural, bucólica, digamos assim. Esse cenário mudou totalmente.

❱❱❱ Questões para reflexão

Você diria que da década de 1990 para cá é possível afirmarmos que o ambientalismo brasileiro ganhou força? Se isso ocorreu, como explicar que na primeira década do século XXI ainda é necessário olhar para o setor produtivo com certa desconfiança? Teria, por outro lado, o ambientalismo ganhado "empoderamento" nas ações que envolvem a proteção dos recursos naturais?

O que podemos dizer é que o pragmatismo exercitado pelos ambientalistas os levou a buscar o perfil técnico. Era preciso "oferecer alternativas", mostrar que o desenvolvimento sustentável era possível através de projetos "demonstrativos"; frequentar as mesas de negociação das centenas de conselhos que se criaram e, assim, operar nas políticas locais, enfim, fazer o que nós chamávamos naquele momento (1997) de uma *ecologia de resultados*.

⟫ A ecologia de resultados

Como uma proposta mais pragmática, a **ecologia de resultados** se apresentou como um meio mais factível, mais viável para o empresariado, para os governos e, dessa forma, foi a que prevaleceu. Não vamos defender uma utopia maravilhosa, redentora, mas o fato é que tem prevalecido uma discussão em torno de temas pontuais, de soluções de curto prazo.

Já no início do século XXI, em 2002, talvez porque o período clamasse por um balanço, essa etapa que parecia otimista e produtiva mostrou certo esgotamento, que ocorreu pelos seguintes fatores:

» pelo fato de os relatórios internacionais mostrarem que o planeta não estava sendo salvo e que o meio ambiente continuava a ser impiedosamente degradado – no caso do Brasil, a situação não era (ou não é) muito diferente;
» porque a *Agenda 21* – o roteiro de ações para se atingir o desenvolvimento sustentável – mostrou ser um intrincado percurso, devido ao fato de essa agenda de compromissos ambientais globais ser de difícil implementação.

Apesar dessas constatações nada promissoras, o Brasil nesse período avançou enormemente na área ambiental. Tornou-se uma sociedade mais madura, mais consciente do valor dos seus ativos ambientais. Como resultado desse processo, hoje nós não precisamos mais fazer o que fazíamos há dez anos, não nos utilizamos mais daquela catequese ambiental que tínhamos de transmitir para convencer as pessoas. Não precisamos fazer mais isso. Se visitarmos um ambiente operacional qualquer, como o da Vale do Rio Doce, seja em Vitória, no Pará ou no Maranhão, e conversarmos com o empregado mais simples, não precisaremos convencê-lo de nada em relação à questão ambiental, pois ele já convive com o fato de que os bens ambientais devem ser cuidados, ou melhor, conservados. Visto que a preservação já é algo utópico, devemos falar de conservação, ou seja, conservar o que ainda se tem.

Mas, há diferença entre preservação e conservação? Embora o dicionário os apresente como termos que expressam significados similares, quando a conversa é ecológica, eles assumem concepções ideológicas. Surgiram ambos como uma oposição à ideologia desenvolvimentista. No entanto, conforme palavras da doutora em Educação Ambiental Suzana Padua[*] (2006), a preservação "Tende a compreender a proteção da natureza, independentemente do interesse utilitário e do valor econômico que possa conter". Podemos dizer que a preservação. se caracteriza por ações que propõem a intocabilidade. Por sua vez, a conservação expressa a visão ideológica que "contempla o amor pela natureza, mas permite o uso sustentável e assume um significado de salvar a natureza para algum fim ou integrando o ser humano". Um conceito que caracteriza a postura conservacionista é a sustentabilidade.

››› Para saber mais

AFINAL, qual a diferença entre conservação e preservação? *O eco*, Rio de Janeiro, fev. 2006. Disponível em: <http://www.oeco.com.br/suzana-padua/49-suzana-padua/18246-oeco_15564>. Acesso em: 1º out. 2009.

Podemos encontrar nesse *site* o artigo referente à diferenciação entre *preservação* e *conservação*, produzido pela dra. Suzana

---

[*] Suzana Machado Padua, presidente e uma das fundadoras do Instituto de Pesquisas Ecológicas (IPÊ), é doutora em desenvolvimento sustentável pela Universidade de Brasília e Mestre em educação ambiental pela Universidade da Flórida, nos Estados Unidos. Para saber mais sobre a ambientalista acesse: <http://www.ipe.org.br/html/staff_senior.html>.

Padua, presidente do Instituto de Pesquisas Ecológicas (IPÊ), e participante do Wildlife Trust Alliance e membro honorário da Ashoka.

Nos últimos anos, as formas de convívio com o meio ambiente se modificaram radicalmente. Ainda precisamos fazer muitas coisas, porém, a compreensão das pessoas em relação aos recursos existentes já mudou consideravelmente. Isso ocorre, por exemplo, em relação a alguns recursos que não são renováveis e que precisam ser conservados para que se possam se reproduzir. Nessas situações, destacamos o que acontecia na Amazônia, onde um grupo dos caboclos marajuaras vivia de vender pele de onça, de caititu e de jacaré. Na atualidade, é difícil observar isso. No entanto, outro fator se tornou preocupante – o avanço da biopirataria, a qual ainda é comum em muitos locais.

》》 As promessas não cumpridas da *Agenda 21*

A *Agenda 21* "não pegou" em nível nacional e "não saiu do papel" nos poucos governos locais que tentaram implementá-la. Pouco mais de 200 cidades brasileiras, entre as quase 6 mil existentes, criaram processos de planejamento estratégico baseados na metodologia da *Agenda 21*. Além disso, o próprio conceito de desenvolvimento sustentável traz complicadores adicionais quando partimos para a implementação de ações nele inspiradas.

No entanto, podemos afirmar que a questão ambiental ganhou uma dimensão adequada à importância da problemática. No entanto, essa mesma questão ainda enfrenta algumas dificuldades que são intrínsecas aos próprios conceitos que foram desenvolvidos na área, tais como o de desenvolvimento sustentável, que existe há cerca de 30 anos. Ele é importante, mas é de uma complexidade operacional muito grande – o ambientalista tem de sair do seu campo, da sua especialidade e resolver conflitos sociais, além de dar sugestões referentes ao desenvolvimento econômico, em políticas públicas, em questões de etnia e de gênero. O referido conceito exige um leque muito grande de competências em qualquer projeto que se crie, o que torna qualquer iniciativa que visa ao desenvolvimento sustentável um desafio muito grande.

Mas, ao contrário do que se possa pensar, a *Agenda 21* não entrou em baixa, ainda que a nossa comunidade não esteja animada. Muitos consideram que ela ainda é um roteiro válido para quem deseja promover o desenvolvimento sustentável, e que – apesar de não ser tão simples como parecia – vale a pena incentivar sua implementação, principalmente agora, quando o Brasil cumpriu o compromisso de elaborar uma agenda nacional do meio ambiente.

>>> Para saber mais

BRASIL. Ministério do Meio Ambiente. *Agenda 21 brasileira.* Brasília, 2002. Disponível em: <http://www.mma.gov.br/sitio/index.php?ido=conteudo.monta&idEstrutura=18&idConteudo=908&idMenu=374>. Acesso em: 06 ago. 2008.

É importante que você leia o texto da *Agenda 21*, mesmo que se trate de uma breve leitura, pois a *Agenda 21* conta com inúmeras iniciativas que pedem uma análise mais aprofundada. Causa-nos estranheza quando alguém questione ou diga que a *Agenda 21* é uma prática utópica, uma "balela". O problema está no uso que se faz dela. A metodologia é eficaz, viável, para estabelecermos uma sustentabilidade progressiva, factível, revendo iniciativas ambientais que deram certo e as que não deram. A *Agenda 21* é um roteiro eficiente para as atividades ambientais.

❱❱❱ O papel assumido pelos ambientalistas

Os ambientalistas assumiram na vida pública um papel mais profissional, ou pelo menos é o que podemos afirmar por meio dos exemplos que aqui destacamos, como os dos ambientalistas Fernando Gabeira, Carlos Minc e Alfredo Sirkis, do Rio de Janeiro, e de Juca Ferreira, da Bahia. Eles tramitaram de um papel para outro, e a chama mais romântica, a força mais simbólica do movimento ambiental se apagou. Isso quer dizer que o movimento ambientalista representado pelos nomes destacados ficou no romantismo e na ideologia, pois poucas foram as ações concretas de protecionismo, inclusive na gestão pública.

E o que dizer desse papel profissional? Esse profissionalismo minou as bases de um movimento que tinha por prioridade uma mudança cultural, além de mais componentes utópicos. A discussão com chefes de Estado, com representantes de empresários são as ações possíveis daqui para frente, visto que o próprio ministro do Meio Ambiente, Carlos Minc, foi precursor dessas discussões.

Importantes contribuições à democracia brasileira

O ambientalismo não é só um movimento de ideias que vem oxigenando o modo como cuidamos dos recursos naturais e de problemas que afligem a nossa população, tais como falta de saneamento e poluição do ar, mas é também um movimento criativo, renovador, que deu contribuições relevantes ao país como um todo ao instituir novos modelos gerenciais da coisa pública e dos bens comuns. Fica claro que a busca da gestão participativa e do envolvimento da sociedade nas políticas públicas de desenvolvimento é um grande desafio para as atuais e futuras gerações.

Os processos de transparência, de consultas amplas, como a de avaliação ambiental, transcendem a questão do meio ambiente; eles têm um papel pedagógico e um poder de irradiar para as demais práticas sociais os seus componentes mais fundamentais em termos de exercício da cidadania e dos direitos democráticos. Se você está discutindo sobre a instalação de uma termoelétrica no seu estado ou sobre a implantação de um *shopping center* no seu bairro, não são apenas as questões ambientais que estão em pauta – existe aí um estímulo à participação, à experimentação de formas de negociar, de criar consenso, de resolver conflitos, de conciliar expectativas individuais com expectativas coletivas.

O ambientalismo traz, entre outras virtudes, contribuições importantes para o aperfeiçoamento da democracia em nosso país.

>>> O avanço na institucionalização da discussão ambiental e os resultados tímidos

A institucionalização da discussão ambiental avançou, mas os resultados são tímidos. Em 1992, o Ministério do Meio Ambiente nem existia e o Instituto Brasileiro de Meio Ambiente e dos Recursos Renováveis (Ibama) era a única agência nacional, resultado de uma então união recente (1989) de três institutos: o Instituto Brasileiro do Desenvolvimento Florestal (IBDF), o Instituto da Pesca (então ligado à área administrativa da agricultura) e a Secretaria Especial do Meio Ambiente (Sema).

Em 1997, o Ministério já havia sido criado 4 anos antes, bem como uma série de instrumentos que visavam conduzir as políticas nacionais de meio ambiente e, no entanto, o que havia era o desenho de uma estrutura institucional. E, em meio a esse panorama, a sociedade engajada no movimento ambientalista apontava os pontos fracos do Ibama, o conflito entre este e o Ministério do Meio Ambiente, que ainda não tinha dito "a que veio".

A crítica mais contundente dos atores naquela data dizia respeito à **falta de uma política nacional do meio ambiente**.

Reconhecia-se uma série de ações e políticas que traziam benefícios, mas se destacava a falta de coordenação e as propostas muitas vezes conflitantes existentes entre os vários níveis de governo, e até mesmo entre diferentes órgãos e ministérios, no âmbito federal.

Nesse sentido, consideramos oportuno destacar o que o resultado de nossa vivência permite afirmar, ou seja, que **a mudança foi muito grande**. Talvez não tão grande quanto muitos ambientalistas gostariam, mas diríamos que, há 20 anos, se tivéssemos que projetar o período de 20 anos à frente, por mais otimistas que fôssemos, não poderíamos imaginar uma situação institucional tão arrumada como a atual. Isso não quer dizer que não temos problemas, mas a situação institucional hoje está anos-luz mais avançada do que há 20 ou mesmo 10 anos. Hoje, por exemplo, podemos sentar e discutir com o setor empresarial, fato antes inviável.

⟫ Questão para reflexão

Mas, se o balanço é positivo em relação ao cenário dos cuidados com o meio ambiente, por que as críticas permanecem no que diz respeito aos resultados da gestão, ainda considerados muito aquém do desejado?

Embora a situação seja mais positiva atualmente, o que podemos dizer é que há ajustes a serem feitos e nem tudo o que se institucionalizou é necessariamente bom. Existem críticas vindas do setor dos movimentos sociais, citando especialmente o Ibama, e apontando problemas que vão desde a fiscalização deficitária até a permanência de supostos focos de corrupção.

Nessas situações está um dos pontos que consideramos fundamentais e sobre o qual é necessário expormos a seguinte opinião quanto à atuação do Ibama, que agora apresenta um pequeno avanço por meio das atividades do Instituto Chico Mendes de

Proteção à Biodiversidade (ICMbio) – o Ibama continua sendo o elo fraco do sistema. Há anos não são feitos concursos e não há renovação dos quadros de funcionários. Para evoluir nessa instituição, é preciso romper com a cultura corporativa que persiste, que resiste aos avanços que a própria sociedade já considera necessários. Além disso, não se conseguiu até hoje diminuir os casos de corrupção, e o que mais se vê é a omissão, principalmente nos estados menos desenvolvidos, além da venda de licenças para o desmatamento. Mas não podemos generalizar. Em alguns estados, a comunidade só pode contar com os "minguados" e às vezes heroicos fiscais do Ibama. **Será que são estes problemas elencados os responsáveis por resultados tão tímidos?**

Os avanços na estrutura do Sistema Nacional do Meio Ambiente (Sisnama)

O Sisnama é um mecanismo integrante da Política Nacional do Meio Ambiente, sendo constituído pelos "órgãos e entidades da União, dos Estados, do Distrito Federal, dos Territórios e dos Municípios, bem como as fundações instituídas pelo Poder Público" (Brasil, 1981).

Entre os avanços criados que fortalecem o Sisnama, encontramos:

» a institucionalização do próprio Ministério que passou a ser a agência formuladora de políticas, tornando o Ibama agência executora;
» a reestruturação do Conselho Nacional de Meio Ambiente (Conama);
» a criação do Sistema Nacional de Unidades de Conservação (SNUC);
» a criação da Secretaria de Qualidade Ambiental nos Assentamentos Humanos, na estrutura organizacional do próprio Ministério do Meio Ambiente (MMA), para dar conta da "agenda marrom".

Agenda marrom é a expressão utilizada para nomear um conjunto de problemas urbanos que vão desde o manejo do lixo doméstico e industrial até a questões ligadas à energia ou mudanças climáticas. Essa "agenda marrom" começou a discutir com o setor produtivo a **logística reversa**, baseando-se na seguinte informação: reação do produto, *do berço ao túmulo, do túmulo à reencarnação*, expressão esta já vista em capítulos anteriores.

Brilha a estrela da política nacional de recursos hídricos

A maior evolução da institucionalização do ambientalismo se deu no campo da legislação e da criação das agências reguladoras, em especial da Agência Nacional de Águas (ANA). Aliás, se houvesse um *ranking* de políticas de gestão bem-sucedidas, sem dúvida seria a política nacional de recursos hídricos a colocada em primeiro lugar, espontaneamente mencionada por intelectuais e inclusive pelo setor produtivo, aliás, este, que poderia impor certa resistência, entendeu o processo.

Por que achamos que esse foi o grande avanço? Porque a criação da ANA está baseada na ideia de que água é um recurso econômico e deve ser administrado como tal. Do ponto de vista conceitual, esse foi o grande avanço. Assim, a política nacional de recursos hídricos tem se mostrado como a área que mais avançou nos últimos oito anos, seja considerando a legislação, seja considerando o processo decisório, as discussões econômicas e de efeito distributivo. Considerada revolucionária no desenho institucional e conceitual, a gestão dos recursos hídricos funciona como uma espécie de modelo para as demais áreas.

Devemos, contudo, destacar que o setor dos movimentos sociais tem enormes reservas em relação às ações que consideram como "privatização" de recursos naturais estratégicos, e mencionaram seus receios especialmente referindo-se à ANA.

Ministério Público sai fortalecido

Uma estrela do arcabouço legal é a chamada *Lei dos Crimes Ambientais* – a Lei Federal nº 9.605/1998 –, a qual mudou o patamar de intervenção, fazendo surgir no cenário um setor que tinha uma atuação apagada nos anos anteriores – o Ministério Público.

Devemos destacar que as curadorias de meio ambiente hoje já organizadas em grande parte do Brasil nasceram de uma atividade quase heroica do Ministério Público, após a Constituição de 1988. Elas têm sido fundamentais para o cumprimento de leis e mandados e sua atuação vai se fortalecendo a cada dia, mostrando-se como os verdadeiros fiscais e executores da lei. Nesse contexto, as curadorias têm:

» fechado indústrias;
» suspendido atividades;
» multado empreendimentos poluentes.

Constitui-se, dessa forma, em um setor cada vez mais importante, quando pensamos nos setores estratégicos para a questão ambiental avançar efetivamente no país.

De uma maneira geral, é possível considerar a legislação brasileira avançada, perto da ideal (apesar de observarmos que muitas leis ainda estão aguardando aprovação) e que se os instrumentos legais hoje disponíveis forem usados em sua plenitude nos próximos anos, os avanços observados serão potencialmente ainda maiores, entre eles, a consolidação efetiva do uso do fluxo reverso por parte das empresas.

A Lei nº 6.938, de 31 de agosto de 1981*, determina que é papel fundamental das indústrias observar a destinação final de seus produtos e aplicar os princípios do **fluxo reverso**. A aplicação desse princípio objetiva dar destinação adequada aos resíduos gerados, aos resíduos quando o produto não tiver mais utilidade,

---

* Para consultar essa lei na íntegra, acesse: <http://www.mma.gov.br/port/conama/legiabre.cfm?codlegi=313>.

e incentiva a reciclagem, o reuso – assunto comentado nos capítulos anteriores.

Há uma concordância geral de que os anos 1990 representaram um extraordinário esforço do poder público no sentido da atualização dos instrumentos normativos legais, completando um ciclo que deverá desembocar em outro.

Uma nova família de instrumentos de gestão emerge: **autoavaliação ambiental**, **ajuste de conduta**, **compensação ambiental**, **ICMS ecológico** e outros nomes que estavam totalmente ausentes na década de 1980 e 1990. Poderíamos afirmar que a União Europeia já colocou em prática cerca de 130 instrumentos econômicos que visam aumentar a eficiência da *performance* ambiental tanto de empresas privadas quanto públicas, e que o Brasil, por sua vez, vem andando muito lentamente na aplicação desses novos instrumentos "por falta de cultura", sem falar na "resistência em ver o mercado como um indutor de políticas, como um vetor de mudança".

Para o poder público não adianta a agência ambiental multar ou fechar as pequenas e médias empresas, setores que, hoje, mais empregam no país e que não tem como investir em tecnologias limpas. O novo ciclo supõe novas estratégias.

O grande gargalo da relação entre as agências ambientais de controle está no licenciamento, assunto que merece uma discussão pública e corajosa. É preciso vencermos a cultura do "não" e termos uma visão mais sistêmica, mais global do impacto de um negócios em uma determinada região ou cidade. Se o empreendimento gerará empregos, devemos nos basear no seguinte raciocínio: "Que qualidade de empregos serão oferecidos?"; "Pode-se melhorar o projeto, cobrar alguma compensação pelo dano?" Enfim, não podemos mais lidar com as visões simplificadoras da realidade, ainda que em nome de uma ética ambiental. Deve-se liberar o empreendimento em determinada região, ainda que este cause impactos; o que devemos ter em mente é o gerenciamento desses danos.

A descentralização não se completou e preocupa

Em 2002, a grande crítica se concentrou no lento e incompleto processo de descentralização do Estado e na falta de integração das ações e das políticas em geral nos três níveis de governo. No entanto, o princípio da descentralização, definido na Constituição de 1988, é defendido por todos. O que não vai bem é o ritmo desse processo, bem como a ausência de instrumentos e mecanismos que possibilitem que os municípios, muitas vezes reféns de localismos e políticas clientelistas, ajam responsavelmente diante das novas atribuições que lhes foram conferidas em função do art. 225 da Constituição de 1988. Nessas condições, dois cenários se completam:

» o processo de descentralização do Estado, a municipalização, sobretudo nas áreas da saúde, do meio ambiente e da educação – essa é uma postura mais que necessária e que deve ser aprofundada;

» tendo isso em vista, devemos nos atentar para o fato de que esse processo estabelece diretrizes importantes – informação, qualificação e preparação de quadros e líderes estratégicos.

Quando se descentraliza e se transfere para o município a fiscalização ambiental, por exemplo, teoricamente ela seria mais fácil de ser realizada, pois é no âmbito municipal que a degradação acontece; no entanto, o fato é que vários fatores se constituem em obstáculos para uma fiscalização mais rigorosa, como, por exemplo, as pressões políticas locais e os interesses de alguns setores. Dessa forma, é difícil para o poder municipal bancar certas posturas diante da nova política ambiental.

» O mau exemplo dos americanos: a não ratificação do Protocolo de Quioto

O pessimismo tem dois focos: um deles é a avaliação de que o mundo não é mais o mesmo de 1992, quando vigorava o otimismo gerado pela queda do muro de Berlim e pelo surgimento da esperança de um mundo pós-Guerra Fria, mais aberto e cooperativo. Essa promessa logo desvaneceu com as más notícias da recessão econômica mundial, vindo a sofrer um duro golpe, talvez definitivo, com os acontecimentos de 11 de setembro, em Nova Iorque.

Esse tipo de pessimismo se nutre da visão de que surgiu no cenário mundial uma política classificada como *antiambientalista* e *isolacionista* praticada pela América do Norte, que se recusou a ratificar o Protocolo de Quioto, ratificado em 15 de março de 1999, e, dessa forma, a dar um passo definitivo no compromisso da sustentabilidade em escala planetária. Como nação mais poderosa do mundo, que deveria exercer um papel de liderança na questão ambiental, essa atitude norte-americana é considerada totalmente destrutiva.

O Protocolo de Quioto foi bombardeado pelos Estados Unidos, confirmando as contradições dessa relação Norte-Sul. Assistimos a passagem de uma concepção americana multilateralista para uma unilateralista do governo Bush; essa tendência, que já vinha se materializando há algum tempo, tornou-se ainda mais aguda a partir de 11 de setembro de 2001. De repente, pudemos ver a nação responsável por ¼ da poluição do mundo eximir-se completamente dos compromissos firmados em Quioto, bem como dos acordos anteriores sobre armas químicas. Tal postura é considerada um retrocesso!

O outro foco do pessimismo reside na constatação de que a degradação ambiental do mundo continua, apesar dos esforços que foram feitos, fato que gera um sentimento de impotência e desânimo.

O sentimento atual é de inércia, como um "cubo de gelo lutando contra um ferro de passar roupa". Em 1972, dizia-se que o carro do desenvolvimento devia ser freado, que deveríamos diminuir a velocidade da destruição, repensar o sistema produtivo, fosse ele capitalista ou socialista. Mais de 30 anos se passaram e o balanço é que o carro não foi freado e que, ao contrário, aumentou sua velocidade, como atestam relatórios recentes da ONU. A degradação do ambiente mundial continua, apesar da consciência ter se expandido por vários setores.

O protocolo de Quioto, como mecanismo para desacelerar as emissões de CO_2 e para diminuir a trágica realidade do aquecimento global, cujas influências são diretas do consumo de combustíveis fósseis, tornar-se-á um grande desafio para governantes atuais e futuros.

»» Questões para reflexão

Será que a compra de papéis de crédito de carbono é a solução para os países que ainda continuam a poluir, como forma de compensar aqueles que cuidam das suas florestas, do meio ambiente em que vivem?

Por outro lado, diminuir em 5% as emissões de gases na atmosfera, na primeira etapa do Protocolo de Quioto, é o suficiente para melhorar as condições de vida dos seres vivos no planeta?

Confirmando uma tendência urbana e das grandes metrópoles, existe a necessidade de nos enfocarmos no problema do saneamento ambiental nas cidades, incluindo-se o tratamento adequado do lixo, dos esgotos e do acesso à água de boa qualidade para consumo próprio. Será crucial, para a próxima década, enfrentarmos o problema das cidades e, para isso, será necessário trabalharmos, de um lado, as balizas teóricas e técnicas daquilo que se chama nos documentos programáticos (como os da *Agenda 21* Brasileira) de *cidades sustentáveis*, e, de outro, envolver a própria população urbana na solução dos problemas.

Nesse sentido, há mesmo quem defenda que há uma vertente urbana que congrega pessoas de classe média, intelectuais e cientistas, que podem estar vinculados ao movimento social e ambiental, movimentos que podemos identificar como ONGs e INGs (indivíduos não governamentais).

Contudo, em situação diversa, não podemos deixar de citar as periferias das cidades que, embora sofram um alto impacto da degradação ambiental, não conseguem ainda causar mobilização junto aos seus pares, não conseguem relacionar as doenças à má qualidade da água, às enchentes e aos problemas dos desmatamentos.

O fato é que a sociedade precisa dar um passo em direção à solução dos problemas ambientais urbanos, ao perceber que existe uma correlação mais do que explícita entre eles.

❯❯ Energia e recursos hídricos: elementos-chave na política ambiental

Um tema que é apontado como prioritário na atualidade é o dos recursos hídricos. Várias são as menções ao problema do "apagão", vivido pelos brasileiros em 2001, e o alerta de que o racionamento de água e energia pode se tornar uma constante no país se medidas urgentes não forem tomadas para gerir adequadamente nossos recursos hídricos, fonte imprescindível para a nossa geração de energia, que é quase inteiramente hidrelétrica (cerca de 80%).

A energia, sem dúvida, será um tema fortemente discutido na próxima década, até porque o Brasil pretende liderar uma coalizão latino-americana proposta em Joanesburgo, cuja meta traçada foi de aumento de fontes de energia renovável em 10% até 2010. No entanto, estamos próximos do ano de 2010 e pouco está se investindo em energia renovável. Os investimentos atuais demandam linhas de crédito especiais, que têm origem no Banco Nacional de Desenvolvimento Econômico e Social (BNDES), no caso do setor industrial, e esses financiamentos ainda dependem de uma série de fatores voltados ao mercado de crédito.

Um bom exemplo nesse sentido vem sendo dado pelos bancos governamentais e por algumas instituições financeiras privadas que aliam o financiamento de grandes obras ao processo de licenciamento ambiental. Isso ocorre devido às intervenções do mercado externo nos produtos e negócios dos chamados *verdes* (indivíduos, ONGs, instituições e empresas que se pretendem "ecologicamente responsáveis").

A estes produtos chamados *verdes*, na própria cadeia de produção está a destinação de embalagens e resíduos, e a reinserção das embalagens, quando é possível, é feita por meio dos componentes do processo produtivo.

A iniciativa necessária daqui em diante deve se dirigir para os investimentos em redes de coleta dos inservíveis, como no caso dos pneus, das pilhas, das baterias, entre outros, rede esta que a ciência denomina de *logística reversa*. Nos capítulos anteriores, você viu o fluxo reverso de diferentes processos produtivos, processos nos quais a tomada decisão tem papel imprescindível. A indústria, para permanecer no mercado nesta primeira década do século XXI e nas décadas que a sucederão, deverá ser socialmente justa e ambientalmente responsável em suas condutas e decisões, todas devidamente balizadas pela logística reversa.

» Síntese

Podemos dizer que as mudanças ocorridas no ambientalismo brasileiro demonstram que, em termos de conteúdo, ele se tornou mais pragmático, e no que diz respeito às formas, ele se apresenta mais organizado, mais profissional, com um perfil mais técnico nos últimos anos. O movimento ambiental possui uma eficácia muito maior e contabiliza inúmeras vitórias para o movimento, pois se qualificou para atuar "de verdade" nas políticas públicas.

O reverso da medalha é a perda do *glamour*, da carga utópica e talvez da centralidade que a questão tinha nos anos 1990. Depois de conquistar um lugar de destaque na agenda pública brasileira, o futuro é muito mais marcado pela imagem das tediosas reuniões dos conselhos e de negociações sem fim em painéis globais do que pelas comoções demonstradas antigamente nas ruas e pelo clima quase contracultural em que viviam os adeptos do movimento. O ambientalismo brasileiro tem que enfrentar o fato de ter se tornado parte do *establishment* (Campalini, 2002).

Se uma frase pudesse conter uma síntese da avaliação do processo de institucionalização, nós escolheríamos a seguinte: "Estamos completando a fase da **modernização ecológica**".

Os modelos gerenciais dos bens públicos foram influenciados, historicamente, por várias ondas modernizadoras e por vários modelos conceituais. Em certo momento, a centralização significou esse impulso modernizador. Agora, é a problemática ambiental "calçando de modo perfeito o sapato" da descentralização, que é o impulso modernizador da administração pública brasileira.

Outra dimensão dessa modernização estaria se expressando por meio da ainda lenta substituição da **ética do comando e controle** – que caracterizou a gestão ambiental brasileira, pelo menos nos últimos 20 anos – pela **ética dos compromissos voluntários** e pelos **incentivos**. No velho modelo de gestão, o Estado estabelecia as regras e penalizava, por meio de multas e outras sanções, os que as descumpriam. Esse modelo estaria em "fase terminal", esgotando um ciclo.

» Questões para revisão

1) O que significa a dinâmica bissetorial e a lógica multissetorial quando falamos das fases do ambientalismo?
2) Quais as evidências da ambientalização ou ecologização na década de 1990?
3) Quais os três conceitos-chaves que foram fundamentais para provocar mudanças concretas nas relações sociais?
4) Quais os principais avanços na estrutura do Sisnama?
5) O que é a *agenda marrom*?

Para concluir

Nem sempre é possível atingirmos os objetivos aos quais nos propomos quando iniciamos algum trabalho como o da natureza do estudo deste livro. Porém, como a nossa pretensão não era dar a "última palavra" sobre o assunto, podemos afirmar que atingimos os objetivos ao qual nos propusemos. Ou seja, pretendíamos apresentar algumas considerações sobre a logística reversa e as questões ambientais no Brasil contemporâneo, bem como levantar possibilidades e criar o interesse por novas formas de pensar o meio ambiente. Acreditamos que essa meta foi atingida.

Esperamos ter demonstrado que a logística empresarial atualmente é muito mais um conceito gerencial do que uma disciplina em desenvolvimento dentro da gestão organizacional, ao possibilitar que novos prismas sejam considerados e resolvidos pela administração das organizações modernas. A logística reversa é exatamente um desses novos prismas sob o qual se analisa o impacto ambiental gerado pela ação produtiva das organizações.

Devemos lembrar que a dimensão da questão ambiental no setor produtivo no mundo contemporâneo rapidamente se traduziu em iniciativas pelas quais a necessidade de entender os processos produtivos e o fluxo reverso ganhou espaço permanente entre "comissões" e "comitês" de discussões.

A concepção sob esse prisma é de que a empresa deve ser socialmente justa e ambientalmente responsável e que seus produtos devem ser concebidos a partir do ciclo de vida de cada um deles. Cabe a ela, por meio da logística reversa, estabelecer sua responsabilidade pelo produto do "berço ao túmulo" ou, ainda, em uma visão mais abrangente, "do berço à reencarnação". Essa é a nova mudança – saímos de uma visão de antropocentrismo empresarial para uma visão de biocentrismo, na qual as dimensões podem ser definidas nesse processo como o trinômio socioambiental que envolve a sociedade, o meio ambiente e os produtos.

Abordamos, portanto, nesta obra o ambientalismo empresarial na logística reversa, processo que criou uma nova linguagem e disputou o sentido de vários conceitos correntes. Também traduziu para a sua realidade noções que estavam sendo forjadas por outros segmentos da comunidade ambiental.

Fizemos isso partindo de uma discussão globalizada, que fornece a implantação de mecanismos de gestão na média e grande empresa, pois a logística reversa cria uma relação entre produto e mercado, passando por todos os elos das cadeias de suprimento.

Nesse sentido, é importante salientarmos que, no âmbito internacional, as empresas já se movimentaram; no Brasil, a logística reversa ainda é um pouco tímida, mas os avanços e a articulação entre sociedade, governo e empresários estão caminhando para um cenário de desenvolvimento sustentável que foi proposto na Eco-Rio 92.

Por fim, buscamos integrar uma proposta inovadora, porém não desconhecida, de que é possível aliar desenvolvimento com preservação ambiental – bastam iniciativas como as citadas nesta obra. Não há mais espaço para a produção desvinculada da questão ambiental. Ela está presente em qualquer espaço da atividade produtiva. A agregação de tal visão está sendo mais rápida nas grandes empresas, e é natural que não seja nas pequena, pois estamos substituindo muitos processos, inovações tecnológicas estão sendo implementadas, e, logicamente, alguns setores avançam mais que os outros, até porque muitas atividades são potencialmente poluidoras e, portanto, o processo reverso na logística é urgente. O desafio foi lançando, cabe a cada um entender e compreender esse processo.

Finalmente, gostaríamos de deixar claro que um programa de logística reversa que seja bem desenhado pode contribuir para a eficiência operacional das organizações e, como consequência, poderíamos falar em *ecoeficiência*. Ou seja, uma organização com um bom programa de logística reversa pode ser eficiente e, ao mesmo tempo, contribuir com as questões ambientais mais amplas. Além disso, dependendo do modelo de logística reversa implantado, as organizações podem gerar negócios a partir de um bom Programa de Recuperação de Produtos (PRM); isso pode conduzi-las a um modelo de negócios que poderíamos chamar de *econegócios* (ou *eco-business*). Ganhar dinheiro com os resíduos dos produtos é um bom negócio e isso está mais que comprovado com as cooperativas de reciclagem que se encontram nas principais cidades do Brasil.

Além disso, organizações que procuram concretizar propostas de reciclagem e que buscam produzir a partir de tecnologias limpas (não poluidoras), colocando no mercado produtos ambientalmente corretos (a partir de uma correta Análise do Ciclo de Vida do Produto – ACV), são organizações que podem ser denominadas *amigas da natureza* e, com isso, contribuem com a gestão ambiental no Brasil (e no mundo).

O planeta Terra dá mostras explícitas de que precisa de ajuda. As fontes de matérias-primas que antes pareciam inesgotáveis já dão mostras de que não sobreviverão para sempre. É preciso cuidarmos do planeta se quisermos um futuro sustentável. Assim, a logística reversa e as questões ambientais no Brasil podem ser fontes de inúmeras discussões, acadêmicas e organizacionais, que contribuam com um desenvolvimento sustentável, ambientalmente correto e responsável.

» Referências

ABELL, D. F. Duplo planejamento. *Revista HSM Management*, São Paulo, n. 16, p. 106-114, set./out. 1999.

AFINAL, qual a diferença entre conservação e preservação? *O eco*, Rio de Janeiro, fev. 2006. Disponível em: <http://www.oeco.com.br/suzana-padua/49-suzana-padua/18246-oeco_15564>. Acesso em: 1º out. 2009.

AGRIMEC. *Legislação*: NIMF n. 15. Disponível em: <http://www.agrimecbrasil.com.br/legislacao_nimf15.htm>. Acesso em: 22 jul. 2009.

ANDEF – Associação Nacional de Defesa Vegetal. *Destinação final de embalagens vazias de agrotóxicos*. Disponível em: <http://www.andef.com.br/dest_final>. Acesso em: 1º out. 2009.

ANDRADE, C. F. de. *Marketing*: o que é? Quem faz? Quais as tendências? Curitiba: Ibpex, 2009.

ANDRIETTA, A. J. *Pneus e meio ambiente*: um grande problema requer uma grande solução. Disponível em: <http://www.reciclarepreciso.hpg.ig.com.br/recipneus.htm>. Acesso em: 30 out. 2007.

ANIP – Associação Nacional da Indústria de Pneumáticos. *Quase 200 anos de tecnologia*. Disponível em: <http://www.anip.com.br/?cont=anip>. Acesso em: 07 ago. 2009.

ARCOO. *Ecoovilas*. Disponível em: <http://www.arcoo.com.br/duvidas.htm#003>. Acesso em: 29 nov. 2007.

ABNT – Associação Brasileira de Normas Técnicas. *NBR 13968*: embalagem rígida vazia de agrotóxico: procedimentos de lavagem. Rio de Janeiro, 2007.

BALLOU, R. H. *Gerenciamento da cadeia de suprimentos/logística empresarial*. Porto Alegre: Bookman, 2006.

BATALHA, B. L. *Glossário de engenharia ambiental*. 3. ed. Rio de Janeiro: Ministério das Minas e Energia, 1987.

BERTAGLIA, P. R. *Logística e gerenciamento da cadeia de abastecimento*. São Paulo: Saraiva, 2003.

BERTÉ, R. *Educação ambiental*: construindo valores de cidadania. Curitiba: Champagnat, 2004.

BIAZZI, L. F. *Logística reversa*: o que é realmente e como é gerenciada. 2002. f. Dissertação (Mestrado em Engenharia da Produção) – Universidade de São Paulo, São Paulo, 2002.

BIFANI, P. *Medio ambiente y desarrollo*. Madrid: Iepala Editorial, 1997.

BLEY Jr., C. O lixo nosso de cada dia. *O Estadão.com.br*, São Paulo, ago. 2009. Aliás. Disponível em: <http://www.estadao.com.br/noticias/suplementos,o-lixo-nosso-de-cada-dia,416493,0.htm>. Acesso em: 07 out. 2009. Acesso em: 1º de out. de 2009.

BOM, J. C. *Efectivo, eficiente, eficaz*. 1998. Disponível em: <http://www.ciberduvidas.com/resposta.php?id=2015>. Acesso em: 06 out. 2009.

BRANCO, S. M. *Ecossistêmica*: uma abordagem integrada dos problemas do meio ambiente. São Paulo: Edgar Blucher, 1989.

BRASIL. Constituição (1988). *Diário Oficial da União*, Brasília, DF, 05 out. 1988. Disponível em: <http://www.planalto.gov.br/ccivil_03/Constituicao/Constituiçao.htm>. Acesso em: 27 jul. 2009.

_____. Decreto n. 4.074, de 04 de janeiro de 2002. *Diário Oficial da União*, Poder Executivo, Brasília, DF, 08 out. 2002a. Disponível em: <http://www.planalto.gov.br/ccivil_03/decreto/2002/D4074.htm>. Acesso em: 06 out. 2009.

_____. Decreto n. 6.913, de 23 de julho de 2009. *Diário Oficial da União*, Poder Executivo, Brasília, DF, 24 jul. 2009. Disponível em: <http://www.planalto.gov.br/ccivil_03/_Ato2007-2010/2009/Decreto/D6913.htm>. Acesso em: 06 out. 2009.

_____. Lei n. 6.938, de 31 de agosto de 1981. *Diário Oficial da União*, Poder Executivo, Brasília, DF, 02 set. 1981. Disponível em: <http://www.mma.gov.br/port/conama/legiabre.cfm?codlegi=313>. Acesso em: 06 ago. 2009.

_____. Lei n. 9.605, de 12 de fevereiro de 1998. *Diário Oficial da União*, Poder Legislativo, Brasília, DF, 13 fev. 1998. Disponível em: <http://

www.planalto.gov.br/ccivil_03/Leis/L9605.htm>. Acesso em: 06 jul. 2009.

_____. Lei n. 9.974, de 06 de junho de 2000. *Diário Oficial da União*, Poder Legislativo, Brasília, DF, 06 jun. 2000. Disponível em: <http://www.planalto.gov.br/ccivil_03/Leis/L9974.htm>. Acesso em: 06 jul. 2009.

BRASIL. Ministério do Meio Ambiente. Conselho Nacional do Meio Ambiente. Resolução n. 258, de 26 de agosto de 1999. *Diário Oficial da União*, Brasília, DF, 02 dez. 1999. Disponível em: <http://www.mma.gov.br/port/conama/res/res99/res25899.html>. Acesso em: 29 nov. 2007.

_____. Resolução n. 275, de 25 de abril de 2001. *Diário Oficial da União*, Brasília, DF, 19 jun. 2001. Disponível em: <http://www.mma.gov.br/port/conama/res/res01/res27501.html>. Acesso em: 04 dez. 2007.

_____. Resolução n. 301, de 21 de março de 2002. *Diário Oficial da União*, Brasília, DF, 28 ago. 2003. Disponível em: <http://www.mma.gov.br/port/conama/legiabre.cfm?codlegi=364>. Acesso em: 29 nov. 2007.

_____. Resolução n. 306, de 19 de julho de 2002. *Diário Oficial da União*, Brasília, DF, 17 jul. 2002b. Disponível em: <http://www.mma.gov.br/port/conama/legiabre.cfm?codlegi=306>. Acesso em: 29 nov. 2007.

_____. Resolução n. 307, de 5 de julho de 2002. *Diário Oficial da União*, Brasília, DF, 17 jul. 2002c. Disponível em: <http://www.mma.gov.br/port/conama/res/res02/res30702.html>. Acesso em: 30 nov. 2007.

BOWERSOX, D. J.; CLOSS, D. J. *Logística empresarial*: o processo de integração da cadeia de abastecimento. São Paulo: Atlas, 2001.

BRONOSKI, M. Estudo preliminar da logística reversa aplicada aos resíduos provenientes do processo produtivo de compensados e aglomerados. *Revista Administrare*, Curitiba, v. 2, n. 2, jul./dez. 2003.

CALDERONI, S. *O$ bilhões perdido$ no lixo*. 2. ed. São Paulo: Humanitas Livraria, 1998.

CAMPALINI, M. *Pesquisa mostra avanço na gestão ambiental brasileira*. 2002. Disponível em: <http://ibps.com.br/2002/12/19/page/2/>. Acesso em: 06 ago. 2009.

CAMPOS, L. F. R. *Supply Chain*: uma visão gerencial. Curitiba: Ibpex, 2009.

CAPRA, F. *A teia da vida*: uma nova compreensão científica dos sistemas vivos. São Paulo: Cultrix, 1996.

_____. *O ponto de mutação*. São Paulo: Cultrix, 1982.

CARDOSO, S. C. *Logística reversa*: alavancagem do setor e foco no meio ambiente. Disponível em: <http://www.netcomex.com.br/noticias.asp?id_tipo_noticia=1&id_secao=1&id_noticia=4546>. Acesso em: 21 nov. 2006.

CHEHEBE, J. R. B. *Análise do ciclo de vida de produtos*: ferramenta gerencial da ISO 14000. Rio de Janeiro: Qualitymark, 1998.

CHING, H. Y. *Gestão de estoques na cadeia de logística integrada*: supply chain. São Paulo: Atlas, 1999.

CHIRAS, D. D. *Environmental science*: a systems approach to sustainable development. Belmont: Wadsworth Publishing Company, 1998.

CHRISTOPHER, M. *Logística e gerenciamento da cadeia de suprimentos*: estratégias para a redução de custos e melhoria dos serviços. São Paulo: Pioneira, 1997.

CIPFEREIS, M. L. L. *ISO 14000*: gerenciamento ambiental – um novo desafio para a competitividade. Rio de Janeiro: Qualitymark, 1996.

CLEFF, N. M. *Curso de biologia*: ecologia. São Paulo: Harper e Row do Brasil, 1985.

CLM – COUNCIL OF LOGISTICS MANAGEMENT. *World class logistics*: the challenge of managing continuous change. Illinois: CLM; Oak Brook, 1995.

CORCUERA CAVALCANTI, D. K. *Políticas para a reciclagem de resíduos da construção civil*. Disponível em: <http://www.ciabrasil.org.br/artigos/index.php?id=74&layout=2> Acesso em: 29 nov. 2007.

CREA-RS – CONSELHO REGIONAL DE ENGENHARIA, ARQUITETURA E

AGRONOMIA DO RIO GRANDE DO SUL. Plástico pode substituir outros materiais de construção. *Jornal do Crea-RS*, Porto Alegre, ano XXIX, n. 13, maio 2004. Disponível em: <http://www.crea-rs.org.br/crea/jornal/13_2003/geral09.asp>. Acesso em: 29 nov. 2007.

CUNNINGHAM, B. F.; DISTLER, J. R. Reverse logistics shock. In: COUNCIL OF LOGISTICS MANAGEMENT – FALL MEETING, 1997, Chicago, Illinois. *Annual Conference Proceedings*, Illinois: CLM, Oak Brook, 1997. p. 421-426.

DAHER, C. E.; SILVA, E. P. de la S.; FONSECA, A. P. Logística reversa: oportunidade para redução de custos através do gerenciamento da cadeia integrada de valor. *Revista Acadêmica Alfa*, Goiânia, v. 1, n. 1, maio/out. 2004. Disponível em: <http://www.alfa.br/revista/artigoc4.php>. Acesso em: 29 nov. 2007.

DIAS, S. R. (Coord.). *Gestão de marketing*. São Paulo: Saraiva, 2003.

DICIONÁRIO de ecologia e ciências ambientais. São Paulo: Melhoramentos, 1998.

DORNIER, P. P. et al. *Logística e operações globais*: texto e casos. São Paulo: Atlas, 2000.

ECOVIAGENS. Escola de Samba "Unidos do Morrinho" transforma pneus velhos em arte. 2003. Disponível em: <http://ecoviagem.uol.com.br/noticias/ambiente/escola-de-samba-unidos-do-morrinho-transforma-pneus-velhos-em-arte-2631.asp>. Acesso em: 31 jul. 2009.

EL KHALILI, A. *O que são créditos de carbono?* Disponível em: <http://www.ambientebrasil.com.br/composer.php3?base=./noticias/index.php3&conteudo=./noticias/amyra/creditos.html>. Acesso em: 07 ago. 2009.

FABBE-COSTES, N.; COLLIN, J. *Logistics and distribution planning*: strategies for management. 2nd. ed. London: J. Cooper Kogan, 1994.

FÁVARO, T. Recipientes vazios devem ser entregues em unidades de recebimento cadastradas. É lei. *O Estado de São Paulo*, dez. 2002.

FERRI, M. G. *Ecologia geral*. Belo Horizonte: Itatiaia, 1980.

FLEURY, P. *Perspectivas para a logística brasileira*. Disponível em: <http://www.ibs.com.br/site/index.php?option=com_content&task=1140&Itemid=225>. Acesso em: 10 nov. 2000.

FLEURY, P. et al. *Logística empresarial*: perspectiva brasileira. São Paulo: Atlas, 2000.

GOMES, M. Pneus podem virar casas. *Bom dia Brasil*, Rio de Janeiro, 30 set. 2009. Disponível em: <http://g1.globo.com/bomdiabrasil/0,,MUL1323663-16020,00 PNEUS+PODEM+-VIRAR+CASAS.html>. Acesso em: 06 out. 2009.

GRUPO DE GERENCIAMENTO DE RESÍDUOS SÓLIDOS DA CONSTRUÇÃO CIVIL DO SINDUSCON-MG. *Cartilha de gerenciamento de resíduos sólidos para construção civil*. Disponível em: <http://72.14.205.104/search?q=cache:jW-a81NIhXQJ:www.votorantim.sp.gov.br/sema/pdf/Cartilha_de_Gerenciamento_de_Residuos_lidos_da_Construcao_Civil.pdf+%22as+vantagens+da+redu%C3%A7%C3%A3o+da+gera%C3%A7%C3%A3o%22&hl=pt-BR&ct=clnk&cd=1&gl=br>. Acesso em: 29 nov. 2007.

HARDT, L. P. Interpretação e síntese de resultados em estudos e relatórios de impacto ambiental. In: SEMINÁRIO SOBRE AVALIAÇÃO E RELATÓRIO DE IMPACTO AMBIENTAL, 1., 1989, Curitiba. *Anais...* Curitiba: FUPEF, 1990. p. 162-167.

HOUAISS, A.; VILLAR, M. de S.; FRANCO, F. M. de M. *Dicionário Houaiss da língua portuguesa*. Rio de Janeiro: Objetiva, 2009.

IPEMA – INSTITUTO DE PERMACULTURA E ECOVILAS DA MATA ATLÂNTICA. *Casas ecológicas*: eco-casa. Disponível em: <http://www.ipemabrasil.org.br/ecoconstrucao.htm>. Acesso em: 29 nov. 2007.

JOLLIVET, M.; PAVÉ, A. O Meio Ambiente: questões e perspectivas para a pesquisa. In: VIEIRA, P. F.; WEBER, J. (Org.). *Gestão de recursos naturais renováveis e o desenvolvimento*: novos desafios para a pesquisa ambiental. São Paulo: Cortez, 1996.

KRIKKE, H. *Recovery strategies and reverse logistics network design*. Holanda: BETA – Institute for Businesss Engineering and Technology Application, 1998.

LACERDA, L. Logística reversa: uma visão sobre os conceitos básicos e as práticas operacionais. *Revista Tecnologística*, São Paulo, v. 6, n. 74, p. 46-50, jan. 2002.

LAMBERT, D. M.; STOCK, J. R.; VANTINE, J. G. *Administração estratégica da logística*. São Paulo: Vantine Consultoria, 1998.

LEITE, P. R. *Logística reversa*: meio ambiente e competitividade. São Paulo: Prentice Hall, 2003.

MAIMON, D. *Ensaios sobre a economia do meio ambiente*. Rio de Janeiro: Aped, 1992.

_____. *Passaporte verde*: gestão ambiental e competitividade. Rio de Janeiro: Qualitymark, 1996.

MEIO AMBIENTE E EDUCAÇÃO AMBIENTAL. Conceituação de meio ambiente. Disponível em: <http://curso-ambiental.com.br/conceito-meio-ambiente.php/>. Acesso em: 29 nov. 2007.

MININI-MEDINA, N. Relaciones históricas entre sociedad, ambiente y educación. In: APUENTES DE EDUCACIÓN AMBIENTAL, 4., 1989, Montevideo: CIPFE, 1989.

MONTEIRO, C. A. F. *A questão ambiental no Brasil*: 1960-1980. São Paulo: Edusp; Instituto de Geografia, 1981.

MORÁN, E. F. *A ecologia humana das populações da Amazônia*. Petrópolis: Vozes, 1990.

MORIN, E. *Ciência com consciência*. Rio de Janeiro: Bertrand Brasil, 1996.

MOURA, R. A.; BANZATO, J. M. *Embalagem, unitização & conteinerização*. 2. ed. São Paulo: Imam, 1997. (Série Manual de Logística, v. 3).

NAZARIO, P. R. A importância de sistemas de informação para a competitividade logística. *Revista Tecnologística*, São Paulo, n. 43, jun. 1999.

NEIMAN, Z. *Era verde?* Ecossistemas brasileiros ameaçados. São Paulo: Atual, 1989.

ODUM, E. P. *Ecologia*. Rio de Janeiro: Guanabara, 1983.

PADUA, J. A. Dois séculos de crítica ambiental no Brasil. *Revista Ciência Hoje*, São Paulo, v. 26, n. 156, p. 42-48, dez. 1999.

PALHARES, M. F. *O impacto do marketing verde sobre embalagens nas cervejarias que operam no Brasil*. São Paulo: Edusp, 2003.

PARANÁ. Secretaria de Estado do Meio Ambiente e Recursos Hídricos. *Kit resíduos.* Desperdício zero: programa da Secretaria de Estado do Meio Ambiente e Recursos Hídricos. v. 1. Disponível em: <http://www.meioambiente.pr.gov.br/arquivos/File/meioambiente/kit_res_1_plastico.pdf>. Acesso em: 29 jul. 2009a.

____. *Kit resíduos*. Desperdício zero: programa da Secretaria de Estado do Meio Ambiente e Recursos Hídricos. v. 8. Disponível em: <http://www.meioambiente.pr.gov.br/arquivos/File/meioambiente/kit_res_8_pneus.pdf>. Acesso em: 29 jul. 2009b.

____. *Kit resíduos*. Desperdício zero: programa da Secretaria de Estado do Meio Ambiente e Recursos Hídricos. v. 10. Disponível em: <http://www.meioambiente.pr.gov.br/arquivos/File/meioambiente/kit_res_10_construcao_civil.pdf>. Acesso em: 29 jul. 2009c

____. *Pneus*. Disponível em: <http://www.meioambiente.pr.gov.br/modules/conteudo/conteudo.php?conteudo=17>. Acesso em: 06 jul. 2009c.

PEARCE, F. *O efeito estufa*. Rio de Janeiro: Edições 70, 1989.

PINTO, T. P. Construction wastes as raw materials for low-cost constructions products. In: FIRST INTERNATIONAL CONFERENCE ON SUSTAINABLE CONSTRUCTION OF CIB, 1994, Florida. *Proceedings...* Florida, USA, 1994.

PINTO-COELHO, R. M. *Fundamentos em ecologia*. Porto Alegre: Artmed, 2000.

PORTER, M. E. *Estratégia competitiva*: técnicas para análise de indústrias e da concorrência. Rio de Janeiro: Campus, 1997.

PROGRAMA RODANDO LIMPO. Disponível em: <http://www.rodandolimpo.com.br/

site/como_participar/cpa_obrigacoes.php>. Acesso em: 30 nov. 2007.

RAELLE, R. *O lixo urbano ao lado de quem?* 2008. Disponível em: <http://www.ricardoraele.blogspot.com>. Acesso em: 31 jul. 2009.

RANGEL, C. Sem coleta seletiva, 94% dos resíduos se perdem. *Invertia*, set. 2009. Disponível em: <http://invertia.terra.com.br/carbono/interna/0,,OI3970504-EI8943,00.html>. Acesso em: 1º out. 2009.

RAZZOLINI FILHO, E. *Avaliação do desempenho logístico de fornecedores de medicamentos*: um estudo de caso nos hospitais paranaenses. 2000. 202 f. Dissertação (Mestrado em Engenharia da Produção)–Departamento de Engenharia de Produção e Sistemas, Universidade Federal de Santa Catarina, Florianópolis, 2000.

_____. *Flexibilidade logística como diferencial estratégico para aumento de competitividade*. 2004. 303 f. Tese (Doutorado em Engenharia de Produção)–Departamento de Engenharia de Produção e Sistemas, Universidade Federal de Santa Catarina, Florianópolis, 2004.

_____. Supply chain management: uma tentativa de conceituação. *Revista Tuiuti Ciência e Cultura*, Curitiba, n. 24, nov. 2001. Curitiba: Universidade Tuiuti do Paraná, 2001.

RAZZOLINI FILHO, E.; COLLI, P. C. L. Cooperativismo – associativismo ou integracionismo? *Revista Administrare*, Curitiba, v. 03, n. 01, p. 55-78, 2004.

RAZZOLINI FILHO, E.; ZARPELON, M. I. *Dicionário de administração de A a Z*. Curitiba: Juruá, 2003.

REVIVERDE. Acesso em: <http://www.reviverde.org.br/>. Acesso em: 04 dez. 2007.

RIBEIRO, A. Avançar ou... *Revista Época Negócios*, São Paulo, n. 07, set. 2007. Disponível em: <http://epocanegocios.globo.com/Revista/Epocanegocios/0,,EDG78957-8374-7-1,00-AVANCAR+OU.html>. Acesso em: 06 jul. 2009.

RICKLEFS, R. E. *A economia da natureza*. Rio de Janeiro:

Guanabara Koogan, 1996.

RLEC – REVERSE LOGISTICS EXECUTIVE COUNCIL. *What is reverse logistics?* Disponível em: <http://www.rlec.org/glossary.html>. Acesso em: 29 nov. 2007.

ROCHA, A. J. A.; NAVES, M. A.; SOUZA, J. C. *Guia de meio ambiente*. Brasília: Tabloide, 1992.

ROGERS, D. S.; TIBBEN-LEMBCKE, R. S. *Going backwards*: reverse logistics trends and practices. 1998. Disponível em: <http://www.rlec.org/reverse.pdf>. Acesso em: 29 nov. 2007.

ROSENBURG, C. Por dentro da revolução verde. *Revista Época Negócios*, São Paulo, n. 7, set. 2007.

ROSENBURG, C.; FERRAZ, E. Sua empresa é verde? *Revista Época Negócios*, São Paulo, n. 2, maio 2007. Disponível em: <http://epocanegocios.globo.com/Revista/Epocanegocios/0,EDG76923-8374-2,00.html>. Acesso em: 29 nov. 2007.

SÃO PAULO (Estado). Secretaria do Estado do Meio Ambiente. Companhia de Tecnologia de Saneamento Ambiental. Disponível em: <http://www.cetesb.sp.gov.br/>. Acesso em: 29 nov. 2007.

SCHMIDHEINY, S. *Mudando o rumo*: uma perspectiva empresarial global sobre desenvolvimento e meio ambiente. Rio de Janeiro: Ed. da FGV, 1992.

SETOR RECICLAGEM. Disponível em: <http://www.setorreciclagem.com.br/manuais/reciclagemplastico.pdf>. Acesso em: 04 dez. 2007.

SITE ENGENHARIA.COM.BR. *Tabela concreto e componentes*. Disponível em: <http://www.sitengenharia.com.br/tabelapedras.htm>. Acesso em: 29 nov. 2007.

STOCK, J. R. Reverse logistics in the supply chain. *Revista Transports & Logistics*, [S.l.], jun. 2001a.

____. The 7 deadly sins of reverse logistics. *Material Hadling Solutions Management*, Cleveland, v. 56, n. 3 , p. 5-12, 2001b.

TABOADA RODRÍGUEZ, C. M. *Logística Empresarial*. Programa de Pós-Graduação em Engenharia de Produção da Universidade Federal de Santa

Catariana, Florianópolis, 2000. Anotações de aula.

TIXIER, D. L.; MATHE, H.; COLIN, J. *A logística na organização*. Porto, Portugal: RÉS, 1986.

UNIPAC. *Contêiner retornável (plástico) colapsível* – Unipac. Disponível em: <http://www.unipac.com.br/noticias2.asp?id=123>. Acesso em: 29 nov. 2007.

VICARI. *Embalagem retornável, de madeira (compensado), Vicaixa*. Disponível em: <http://www.vicari.com.br/bind/site/retornaveis.htm>. Acesso em: 29 nov. 2007a.

____. *Exemplo de embalagem colapsível (madeira)* – Caixamática. Disponível em: <http://www.vicari.com.br/bind/site/retornaveis.htm>. Acesso em: 29 nov. 2007b.

VILHENA, A. *Reciclagem –* compromissos e benefícios. Disponível em: <http://www.cempre.org.br/compromisso_beneficios.php>. Acesso em: 12 out. 2007.

VIOLA, E. *O movimento ecológico no Brasil*: do ambientalismo a eco-política. Rio de Janeiro: Espaço e Tempo, 1987.

ZORDAN, S. E. *Fichas técnicas*: entulho de indústria da construção civil. Disponível em: <http://www.reciclagem.pcc.usp.br/entulho_ind_ccivil.htm>. Acesso em: 1º out. 2009.

ZUCCA, A. J. *O direito da Terra*: rumo a um direito internacional ambiental efetivo. Rio de Janeiro: Qualitymark, 1992.

» Respostas

»» Capítulo 1

1) Padrão de resposta esperado: Ocorre que a logística somente surgiu no ambiente universitário a partir dos anos 1950 (nos Estados Unidos) e de 1970 (na França), ganhando maior expressão no ambiente empresarial a partir da Segunda Guerra Mundial. No âmbito brasileiro, a difusão da logística ganhou força a partir dos anos 1990, com a estabilidade econômica. Porém, a logística tem contribuído significativamente com a competitividade organizacional, pelo fato de que seus objetivos são oferecer um elevado nível de serviço aos clientes (pela criação de utilidades espaciais e temporais) enquanto se ocupa em minimizar os custos operacionais. Além disso, com a implantação de canais logísticos reversos, as organizações conquistam simpatia aos olhos dos clientes.

2) Padrão de resposta esperado: Atualmente, a competição não mais acontece entre empresas isoladas (unidades de negócios isoladas), mas sim entre cadeias de suprimentos. Portanto, mesmo as pequenas organizações podem superar as organizações maiores, uma vez que é o arranjo estabelecido na cadeia de suprimento que vai determinar o sucesso ou o fracasso das organizações, independentemente do seu porte (tamanho).

3) Padrão de resposta esperado: Quando os sistemas logísticos são desenhados, devemos projetar a integração entre seus subsistemas (suprimentos, produção e distribuição física), de forma a garantir a uniformidade dos fluxos. Além disso, os princípios de gerenciamento logístico levam as organizações a gerenciar seus sistemas logísticos de maneira integrada, para

garantir o cumprimento dos objetivos organizacionais. Portanto, necessariamente, a logística é um conceito integrado ao visualizar a organização como um todo sistêmico e coerente.

4) Padrão de resposta esperado: A logística teve suas origens exatamente nos meios militares, inclusive na criação do termo *logística* pelo Barão de Jomini. Quando, ao final da Segunda Guerra Mundial, os militares perceberam a necessidade de maior desenvolvimento industrial, transferiram às organizações privadas o conhecimento logístico de que dispunham e, com isso, a evolução foi rápida e crescente. Foi a necessidade de abastecimento de tropas durante os períodos de conflitos bélicos (guerras) que levou os militares a desenvolverem seus sistemas logísticos. Durante a Segunda Guerra Mundial, o esforço para abastecer as tropas em teatros de operações distintos (Europa, África, Ásia) exigiu grande esforço coordenado da logística de suprimentos e dos transportes (sobretudo do modal aéreo e hidroviário), fazendo com que os militares desenvolvessem uma *expertise* que até então ninguém detinha. Ao final da guerra, essa *expertise* foi transferida à iniciativa privada.

5) Padrão de resposta esperado: Pode impactar basicamente de duas formas – aumentando o nível de serviço oferecido aos clientes (pela criação de utilidades) e diminuindo os custos operacionais (pela racionalização das operações logísticas). Isso acontece porque os sistemas logísticos são gerenciados exatamente com o objetivo de trabalhar sempre com os menores custos totais possíveis, ao mesmo tempo em que se oferecem as utilidades de tempo (produto na hora certa), de espaço (produto no lugar certo) e em condições de uso (produto íntegro para uso ou consumo).

»» Capítulo 2

1) Padrão de resposta esperado: A logística reversa pode ser conceituada como todas as atividades exigidas dos sistemas logísticos para movimentar materiais ao longo dos canais de distribuição, no sentido do ponto de consumo ao ponto de origem. Esse conceito se justifica porque se incluem os fluxos de materiais (físicos) no sentido reverso (contrário aos fluxos normais); também se incluem todas as atividades logísticas: movimentação, embalagem, transporte, armazenagem etc.

2) Padrão de resposta esperado: Pode gerar ganhos basicamente de duas formas – ganhos econômico-financeiros e ganhos de imagem. Os ganhos econômico-financeiros são decorrência do reaproveitamento de materiais, diminuindo os custos de aquisição. Os ganhos de imagem são decorrência da exigência dos clientes pela preocupação destes com as questões ambientais.

3) Padrão de resposta esperado: São duas visões distintas – de um lado, a de que os custos aumentam e, por outro lado, que os custos diminuem. Ambas as visões são válidas, dependendo de como se vê o problema e o tipo de material a ser movimentado nos canais reversos. Isso ocorre porque, se os materiais a serem movimentados forem destinados à destruição ou à destinação final, os custos aumentam pela falta de retorno econômico-financeiro oriundo dessas operações (gera apenas ganho de imagem). Porém, se os materiais que retornarem forem reaproveitados de alguma forma, os custos podem ser minimizados ou diminuírem (por exemplo, reciclagem de latas de alumínio). Em alguns casos, os custos podem aumentar, como por exemplo, na reciclagem de papel em que o custo de produção para reciclagem/tonelada é maior que o processamento de matéria--prima virgem.

4) Padrão de resposta esperado: Os sistemas logísticos reversos devem ser avaliados de forma a mensurar os ganhos econômico-financeiros decorrentes do processo ou dos ganhos de imagem. Essa avaliação deve acontecer porque é necessário, sob a ótica organizacional, estabelecer sempre relações custo-benefício. A avaliação de desempenho é sempre importante e necessária para mensurar as atividades organizacionais. Quando não se mensura desempenho, não se consegue gerenciar adequadamente os sistemas logísticos. Sem avaliar desempenho é quase impossível saber se os objetivos organizacionais estão sendo atingidos.

5) Padrão de resposta esperado: A ACV é uma ferramenta de gerenciamento que se ocupa em analisar os impactos ambientais gerados pelos produtos ao longo de sua existência. Ela se relaciona com a logística reversa em virtude de que, com a ACV, é possível responder algumas questões de logística reversa: Como estruturar o processo de coleta dos materiais a serem reciclados/recuperados? Qual a forma (modal) de transporte será utilizada para o transporte? Como será feita a destinação final pós-consumo/utilização?

⟫⟫ Capítulo 3

1) Padrão de resposta esperado: Sob a ótica da logística reversa, o mais interessante é considerar a vida útil dos produtos (sua durabilidade) uma vez que é exatamente esse o problema principal para a implantação de sistemas logísticos reversos. Ou seja, é a vida útil de um produto que determina as exigências que se farão sobre o sistema logístico reverso.

2) Padrão de resposta esperado: PRM é a sigla em inglês para *Product Recovery Management*, ou Administração da Recuperação de Produtos, que pode ser definida como a gestão

de todos os produtos, seus componentes e todos os materiais usados e descartados, pelos quais uma empresa fabricante é responsável, seja por contratos, exigências legais ou qualquer outro motivo (Thierry et al., citado por Krikke, 1998). A PRM implica vários aspectos de gerenciamento, inclusive a logística reversa. Trata-se de um conjunto de ferramentas de gestão potencializadas pelas tecnologias *web* (internet) com o propósito de auxiliar o gerenciamento de canais de venda indiretos, pela agregação de serviços e comunicação intensa entre os membros dos canais. Assim, é a PRM que objetiva a recuperação do valor econômico e ecológico dos produtos, seus componentes e materiais.

3) Padrão de resposta esperado: A reciclagem pode ser definida como a atividade de recuperação de materiais descartados que possam ser transformados novamente em matéria-prima para a fabricação de novos produtos. Também se denomina *reciclagem* o retorno da matéria-prima ao ciclo de produção, além de designar, genericamente, o conjunto de operações envolvidas para esse retorno. A reciclagem se relaciona com a logística reversa como um fato econômico-financeiro que pode ser benéfico às organizações, se bem gerenciado, exatamente pelo fato de o seu objetivo ser a transformação de materiais em matéria-prima para a fabricação de novos produtos.

4) Padrão de resposta esperado: As embalagens não retornáveis são aquelas utilizadas em apenas um ciclo de distribuição direta e que, em alguns casos, podem ser reaproveitadas pelo destinatário. São embalagens de madeira, papelão ondulado, sacos plásticos, sacos multifolhas de papel etc. São exatamente essas embalagens que geram mais problemas ambientais e ecológicos, uma vez que geralmente são destinadas a aterros sanitários inadequados ou simplesmente jogadas pelos consumidores ou usuários em esgotos a céu aberto. São as

embalagens não retornáveis que exigem maiores cuidados por parte das autoridades públicas no sentido de minimizar seu impacto ambiental, e, para a logística reversa, representam o objeto da reciclagem. Sob a ótica dos custos, são as mais problemáticas para os sistemas logísticos reversos, uma vez que não possibilitam ganhos econômicos ou financeiros, na quase absoluta maioria dos casos, apenas permitindo algum ganho de imagem, caso a empresa realize alguma ação de *marketing* associada à atividade logística reversa.

5) Padrão de resposta esperado: Embalagens retornáveis são aquelas que podem ser reutilizadas. Uma embalagem retornável é aquela que, como o próprio nome indica, foi projetada para retornar ao processo produtivo que lhe deu origem ou, ainda, para algum ponto do seu canal de distribuição original. São embalagens feitas de materiais resistentes para possibilitar um número mínimo de vezes de retorno, para viabilizar economicamente esse processo reverso.

As embalagens são necessárias, até mesmo indispensáveis, nos sistemas logísticos, para garantir a integridade dos produtos que contêm e, com isso, gerar a utilidade de condições de uso. Ou seja, somente embalados os produtos podem garantir sua utilidade, uso ou destinação para os quais foram criados.

>>> Capítulo 4

1) Padrão de resposta esperado: O seu papel é de atuar como ferramenta para evitar a degradação do meio ambiente e construir um modelo ideal de desenvolvimento aliado à preservação ambiental.

2) Padrão de resposta esperado: A resolução estabelece que os resíduos devem ser classificados em quatro classes (A, B, C e D) e devem ter seu destino de acordo com sua classificação. Por exemplo, em relação à classe A, segundo essa resolução

(Brasil, 2002c) os entulhos deverão ser "reutilizados ou reciclados na forma de agregados, ou encaminhados a áreas de aterro de resíduos da construção civil, sendo dispostos de modo a permitir a sua utilização ou reciclagem futura"; já os da classe B "deverão ser reutilizados, reciclados ou encaminhados a áreas de armazenamento temporário, sendo dispostos de modo a permitir a sua utilização ou reciclagem futura". Os das classes C e D "deverão ser armazenados, transportados, reutilizados e destinados em conformidade com as normas técnicas específicas."

3) Padrão de resposta esperado: Melhorar o meio ambiente por meio da redução do número de áreas de depósito clandestino, o que resultará em uma diminuição dos da administração pública com gerenciamento de entulho; aumentar a vida útil de aterros por uma disposição dos resíduos, que podem ser utilizados futuramente; aumentar a vida útil das jazidas de matéria-prima, na medida em que são trocadas por materiais reciclados; produzir materiais de construção reciclados de baixo custo e excelente desempenho.

4) Padrão de resposta esperado: A deposição dos resíduos de construção na malha urbana ocasiona uma série de custos ambientais, se for feita descontroladamente, entre as quais é citado por Corcuera Cavalcanti (2007) o acúmulo de entulhos que agregam lixo e se tornam abrigo de vetores transmissores de doenças (ratos, baratas, moscas, mosquitos) e de animais peçonhentos (cobras, escorpiões); os entulhos, quando nas vias públicas e córregos, também afetam a drenagem e a estabilidade das encostas; também provocam degradação da paisagem urbana, desperdício de recursos naturais não ronováveis e a redução da vida útil dos locais adequados para aterramento dos resíduos não renováveis.

5) Padrão de resposta esperado: É a Resolução do Conama nº 307/2002.

››› Capítulo 5

1) Padrão de resposta esperado: Torna-se inservível no momento em que o pneumático deixa de rodar, não podendo mais ser utilizado em veículos. Quando não se dá um destino adequado ao pneu que está nesse estágio, ele se torna um dissipador de patologias, podendo ser o "berço de reprodução" para agentes epidemiológicos, como, por exemplo, o mosquito da dengue, o *aedes aegypti*.

2) Padrão de resposta esperado: Porque é por meio da aplicação da logística reversa que é possível reutilizar, reciclar o pneu inservível. É esse mecanismo que envolve os geradores dos resíduos e a sociedade, o que podemos chamar de *responsabilidade socioambiental*.

3) Padrão de resposta esperado: Reduzir, reutilizar e reciclar.

4) Padrão de resposta esperado: São os processos que permitem o reuso e a reforma, a reciclagem, a regeneração e a sua transformação em fonte de energia.

5) Padrão de Resposta esperado: São duas – as Resoluções Conama nº 258/1999 e nº 301/2002.

››› Capítulo 6

1) Padrão de resposta esperado: A composição essencial se dá por ligações moleculares orgânicas que resultam de sínteses ou da transformação de produtos naturais. Eles são, via de regra, deformáveis plasticamente, por meio da manufatura sob determinadas condições (calor, pressão).

2) Padrão de resposta esperado: As matérias-primas para o monômero são, principalmente, petróleo e gás natural. Teoricamente, é possível produzir monômeros também com base em madeira, carvão e até de CO_2, uma vez que o principal componente para a fabricação é o carbono.

3) Padrão de resposta esperado: São ótimos isolantes térmico-acústicos, maus condutores de eletricidade (na maioria das vezes), resistentes ao calor, leves (proporcionando grande economia no transporte das mercadorias), resistentes e flexíveis, entre outras características.

4) Padrão de resposta esperado: Sim, pois, nos aspectos tecnológicos, econômicos e ambientais, a coleta seletiva implica desenvolvimento e preservação. Por sua vez, a falta de coleta seletiva traz como consequência o aumento da contaminação dos recicláveis, gerando gastos adicionais com operações de separação e lavagem e a dificuldade na reciclagem de resinas misturadas.

5) Padrão de resposta esperado: Na coleta seletiva, devemos lavar as embalagens plásticas após o uso, evitar misturar as embalagens plásticas com materiais não recicláveis, juntar os materiais plásticos numa mesma sacola, depositar na lixeira de cor vermelha (padrão estabelecido) ou colocar junto aos materiais recicláveis para quando o caminhão de coleta de recicláveis passar na rua.

⟫⟫ Capítulo 7

1) Padrão de resposta esperado: A dinâmica bissetorial foi propulsora das ações no período imediatamente anterior a 1990, e a lógica mutissetorial foi a concepção que sustentou as ações no período pós-1990 – representa o poder social com suas múltiplas faces, a ideia de sustentabilidade.

2) Padrão de resposta esperado: Foram o crescimento da consciência da população em geral, o aumento do número de organizações não governamentais dedicadas à promoção do desenvolvimento sustentável, as mudanças conceituais na gestão ambiental e o acelerado processo de institucionalização das questões/problemáticas ambientais no aparelho de Estado (nos três níveis), a renovação dos instrumentos legais relacionados com meio ambiente, bem como o surgimento de organizações empresariais voltadas para a promoção de padrões ambientais na produção.

3) Padrão de resposta esperado: Foram o conceito matricial do desenvolvimento sustentável, o conceito dos parceiros do desenvolvimento sustentável e o do socioambientalismo.

4) Padrão de resposta esperado: Podemos dizer que os principais foram a institucionalização e reorganização do próprio Ministério, a reestruturação do Conselho Nacional de Meio Ambiente (Conama), a criação do Sistema Nacional de Unidades de Conservação (SNUC) em a criação da Secretaria de Qualidade Ambiental nos Assentamentos Humanos.

5) Padrão de resposta esperado: É a expressão utilizada para nomear um conjunto de problemas urbanos que vão desde manejo do lixo doméstico e industrial até questões ligadas à energia ou mudanças climáticas.

» Sobre os autores

Edelvino Razzolini Filho, paranaense, natural de União da Vitória, é mestre e doutor em Engenharia da Produção na área de Logística Empresarial pela Universidade Federal de Santa Catarina (UFSC) e graduou-se em Administração pela Universidade Federal do Paraná (UFPR) e é especialista em Marketing (Unifae).

Ao longo de sua carreira, foi supervisor e gerente de vendas de várias empresas distribuidoras de materiais e equipamentos médico-hospitalares no Sul do Brasil, bem como gerente de produtos da indústria farmacêutica, com atuação em todo o território nacional. Ocupou ainda o cargo de sócio-diretor da empresa K. R. Consultoria e Assessoria Empresarial Ltda., exercendo atividades de treinamento e consultoria em logística.

Também foi diretor presidente da Cooperativa de Educadores e Consultores de Curitiba (Unieduc) e atuou como docente em cursos de graduação e pós-graduação de diversas instituições universitárias. É também autor de outras obras, além de ter artigos publicados em anais de eventos científicos nacionais e internacionais. Atualmente, é professor da UFPR, no curso de graduação em Gestão da Informação e no programa de Mestrado Multidisciplinar em Ciência, Gestão e Tecnologia da Informação.

Rodrigo Berté nasceu em Colorado (RS), onde passou a maior parte da sua adolescência. Na juventude, mudou-se com a sua família para Santa Rosa (RS). Graduou-se como bacharel em Ciências Biológicas, especializou-se em Biotecnologia e Educação Ambiental pela Fundação Universitária de Brasília (Fubra), em Clonagem Vegetal, pela Pontifícia Universidade Católica do Paraná (PUCPR), é doutor em Meio Ambiente e atualmente está matriculado no curso de Pós-Doutorado pela Universidad de León (Espanha), na área de Ciência e Tecnologia Marinha.

Morou por sete anos no Mato Grosso do Sul, onde exerceu o trabalho de professor de escolas públicas e privadas, desenvolvendo vários trabalhos no Pantanal, com comunidades ribeirinhas e de fiscalização ambiental. Foi concursado na Universidade Estadual do Mato Grosso do Sul (Uems), e desenvolveu projetos na área da educação ambiental na Escola Particular Santa Teresa, em Coxim. Foi perito do Ministério Público Estadual no Mato Grosso do Sul e no Rio Grande do Sul.

Atualmente, é secretário do meio ambiente na região metropolitana de Curitiba, em Fazenda Rio Grande (PR), professor de pós-graduação do Instituto Brasileiro de Pós-Graduação e Extensão (Ibpex), do Instituto Superior de Formação Continuada (Infoco), de graduação do Centro Universitário Uninter e membro de banca de mestrado da Universidade da Região de Joinville. É consultor da Petrobrás Transporte S.A. – Transpetro, na unidade de São Francisco do Sul (SC) e, no Rio Grande do Sul, é membro do parlamento mundial das ONGs nas Nações Unidas, além de professor da rede estadual de ensino nos cursos pós-médio em Meio Ambiente e Segurança no Trabalho.

Coordenou a implantação da Horta Comunitária no programa Fome Zero da Petrobras e do Governo Federal, e integra o Grupo Internacional de Avaliações de Catástrofes Ambientais Globais.

Elaborou e coordenou o projeto Educar e Transformar, em convênio com a Fundação Nacional de Desenvolvimento de Educação (FNDE) – Ministério da Educação, na área da Vulnerabilidade Social. Integra o Fórum Social do Mercosul e é vice-presidente do Conselho de Assistência Social.

Impressão: Gráfica Exklusiva
Julho/2021